サブコンシャス・ヒーラー
佐多美佐 Sata Misa

自分ファーストで生きる勇気

本当のあなたに戻るための「潜在意識学《サブコンシャスメソッド》」

現代書林

はじめに

今から一歩踏み出したいあなたへ。
抱えているストレスから解放されたいあなたへ。
忙しさに流されて、自分を後回しにしているあなたへ。
ネガティブとポジティブの分岐点で迷っているあなたへ。
しかたない、しようがないと諦めそうになっているあなたへ。

多様性の時代に個性を活かす生き方を目指したいあなたへ。

人生に無駄なものはなく、すべて自分に役立つものです。
コロナ禍という未曾有の体験は、物質的なものから脱皮し、精神的なものへと目を向ける転換期といえます。理論から実践へ、依存から自立への意識改革、気づきのときです。

長く続くステイホーム生活から、おうち時間を快適に過ごす習慣が定着し始めました。これを機に生活の基盤である衣食住を見直した人も多いでしょう。時間を有効に使い、客観的に見つめてみる自己探求のチャンスです。今から一歩踏み出し、自己の内面への旅に出かけませんか。

「わかっているのに、あと一歩が踏み出せない」「いろいろ、うまくいかない」「特に困っていないけれど、このままではいけないと感じている」など、心にもんもん、もやもやとする思いを大なり小なり持っている人もいるでしょう。一見何も問題がなさそうでも、本人だけにしかわからない悩みはあるのです。

しかし、そんな自分から一歩踏み出したい！　と思うなら、その気持ちに目をそむけないでください。ちょっとした心の引っ掛かりや漠然とした思い、悩みや迷いは、自分への気づかせのサインです。それらの原因や理由は、あなたの育った環境にあり、解決の糸口は、あなた自身の魂の記憶の中にあるのです。

魂と聞くと急に難しく思うかもしれませんが、辞書には魂について、肉体に宿る心の働きであり、生命を保ち、肉体から離れても存在するもの、というように説明されています。本書では、魂を心の深層・精神の核と捉え、魂（心・精神）と表現しています。また、説明する箇所によっては、心、精神、魂を分けて表現している場合もあります。

さて、魂の記憶として刻まれるものとはどんなものでしょうか。

育った環境での出来事には、良い思い出として心の糧になっていることもあれば、心の傷として残っていることもあり、それぞれ人によって違います。それらは、いつでも思い出せる顕在記憶と、意識上ではすぐに思い出せない潜在意識の潜在記憶とがあります。この潜在記憶が魂の記憶に近いものだと言っておきましょう。

ともあれ魂の記憶は、現在の自分自身に何らかの影響を及ぼしている場合があるということです。

育った環境の中で体験した楽しさや嬉しさ、達成感や安心感、わくわくしたことが今につながったという人は多いでしょう。

それとは別に、不安、心配、寂しさ、我慢、ストレスなどの記憶や、親からの抑圧、愛情飢餓の記憶がある場合、それらは形を変えて浮かび上がってくることがあります。

例えば、
●何だかはっきりしないけれど、心にわだかまっているものを感じている。
●漠然としたネガティブな思いや、言い知れぬマイナス感情を感じている。
●ちょっとしたことでイライラ・ムカムカし、怒りっぽくなっている。
●いろんな場面で、どうしていいかわからない気持ちになる。
●落ち込んで気持ちが不安定になりやすい。
●慢性的な不調を感じる。
など、自覚がある場合と、自覚さえない場合とさまざまです。

普段から悩みやストレスを抱えていると、ネガティブ（後ろ向き）な思考になりがちです。ポジティブ（前向き）思考とネガティブ思考の分岐点で気持ちが揺れ動き、それが長く続くとストレスは増幅します。

たとえ小さなストレスでも、積み重なると命さえ奪いかねない危険な状態、「キラーストレス」に陥るといわれています。

情報が氾濫し、目まぐるしく変化する社会の中に生きる私たちは、心の在り方に気をつけなければなりません。知らぬ間に誰もが「キラーストレス」の状態になりうる危険があるのです。しかしまだその危険性を身近に感じていないのが現状です。ストレスを深刻化させないためには、当たり前が当たり前ではないかもしれないと「気づく」ことです。

私は長年勤めた流通商社時代からＩＴの幕開けと普及を目の当たりにし、業務の効率化など多くのメリットがある一方で、デジタル化のストレスは「心の病」の一因になると懸念していました。当時の思いや決断は、前著『癒す力はあなたの中に』（現代書林刊）で述べています。

過度なストレスは集中力や注意力を低下させ、心身の疲労を蓄積させます。ヒューマンエラー（人為的ミス）が生じやすくなり、バーンアウトシンドローム（燃え尽き症候群）

や「うつ」を誘発するのです。特に増加傾向にある「うつ」は心の風邪にたとえられることもあり、落ち込みや不安があると「私、うつかしら?」と自己判断する人も少なくないでしょう。

医学的な治療が必要な場合は医師による診断と処方を受けるべきですが、病とまでは呼べない「うつ的な不調」は、きっかけさえあれば好転すると考えます。

その鍵を握るのは潜在意識であり「育った環境」です。育った環境の中で自分を抑え込んだ「我慢」という感情は自分らしさを封印します。

さまざまな人との関わりの中で、周囲から受けた「無意識の偏見」と呼ばれる決めつけや、自分に対してネガティブな気持ちに陥る、または、ポジティブな気持ちがあるのに一歩踏み出す勇気がないなど、さまざまな感情で揺れ動く自分に対する無意識の偏見なども、心の不調と関わってきます。

表面に出てきている不調の部分だけを見て対処するのではなく、ホリスティックヘルス(健康を肉体の面からだけでなく、精神的な面も含めて総合的に考えるもの)の考え方で取り組めば、心身の不調の回復や予防になると確信しています。

私はホリスティックヘルス実践者として、流通商社で培ったオールラウンドの経験を活かしながら、テクノストレスやヒューマンエラーに警鐘を鳴らし、メンタルヘルスマネジメントにも取り組んできました。長年の企業の経験に加え、三十余年にわたる潜在意識学の研究と実践があるからこそ、今、自分らしく生きたい人にそのエッセンスを届けたいと思います。

私は皆さんが自分らしく生きるヒントとして、次のことを推奨しています。

- ●自分のありのままに目を向け、自己を知る――自分に気づくファクトフルネス
- ●呼吸法を重視したヨガと瞑想で健全を保つ――心の充実・マインドフルネス
- ●生きがいある心豊かな自分らしい人生を目指す――魂の輝き・ソウルフルネス

自分の内面への旅である自己探求は、ほんとうの自分を知る潜在意識学であり、自分の人生哲学でもあります。

哲学と聞くと難しく考えがちですが、自分の生き方を振り返り、見つめることを指して

います。自分が自分のために何をしているのか？　を考えることでもあります。

他人から「こうすればいいのに」「あなたにはこれが向いている」と意見され、その言葉に左右されている人が多くいます。自分のことなのに自分で判断できなかったり、周りが言ったからとその通りにしたりする人は、「いったい誰の人生なのか？」という原点に戻ることも必要でしょう。

また、「あなたはこうすればいいのよ」などと他人に余計なアドバイスをする人にも問題があります。他人のことを言う前に「自分はどうなのか？」を見ていくことも哲学につながるのです。

では、なぜ、他人の意見に左右されたり、自分のことは棚に上げて他人のことばかり気になったりする人がいるのでしょうか？

そこには、やはり育った環境や心の傷となった潜在意識が関係します。

例えば、子どもの頃から親の考え方や価値観を刷り込まれた。親から（理由の説明なく）「こうしなさい」「これはダメ」と命令、否定された。親に気持ちを聞いてもらえず勝手に決められていた。自分がほんとうにしたかったことができなかった。親の言う通りにして、自分で決めることができなくなった。

そのほかにも、いろんな思いがあるはずです。

「自分はそのとき、どうしたかったのか」と自分自身に問いかけてみましょう。

人のため、親のための人生ではなく、自分のための人生を生きているのですから。

人生哲学とは、人真似ではなく、あなたの生き方をあなた自身で探し、切り拓き成長していくことです。

まずは、自分ファーストで。

自分が心から幸せになって、初めて人のためになることができるのです。

固く閉じたあなたの心の扉を開けるのも、勇気を出して一歩踏み出すのも、あなた自身です。

本書は、後悔しない自分らしい人生を目指すあなたに贈る一冊です。

２０２１年６月

佐多美佐

自分ファーストで生きる勇気

目次

第2章 潜在意識に気づくために

第3章 自分らしく生きる、自分を知るための処方箋

第4章 体と心（魂・精神）の調和と「サブコンシャスメソッド」

付録 ヨガポーズと瞑想座法

序章

キラーストレスが社会に溢れている

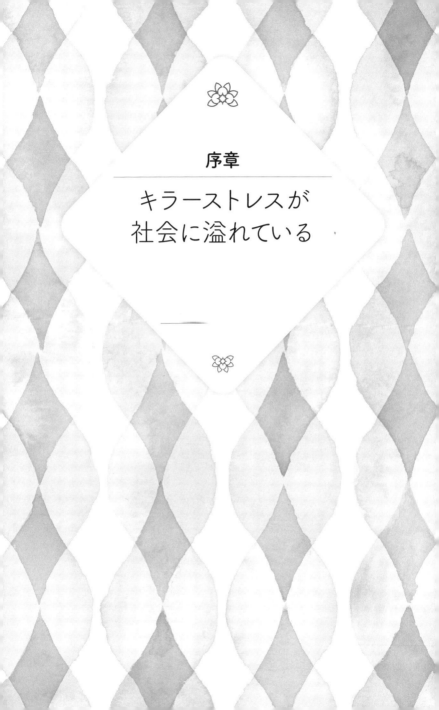

命に関わるキラーストレス

「ストレス」について真剣に考えたことがありますか？

ストレスといっても、肉体的ストレスや精神的ストレス、軽いものや深刻なもの、と人によって抱えるストレスは違います。

今やメンタルヘルス（精神面の健康）対策は世界共通の課題です。メンタルヘルスを理由とする社員の休職や退職が、企業パフォーマンスを低下させるという視点だけでなく、一人ひとりの人生に関わる問題なのです。心の健康を保つには、悩みとストレスの軽減や緩和が不可欠ですが、理論だけでは思うように解決しないのが現状です。

価値観や働き方、生き方に多様性が求められる時代へと突入し、ストレスもまた多様化が進んでいるのです。世界情勢や気象変化によるストレスから日常におけるストレスまで、私たちは常にあらゆるストレスの予防や対処を迫られる状況が増えています。

超ストレス社会の危機はとうとうここまできたか……と注目したのは、命さえ奪いかねないという「キラーストレス」です。

NHKスペシャル『シリーズ キラーストレス』（2016年6月18日・19日放映）の中で、「ストレスはある条件が重なると命を奪う病を引き起こすキラーストレスになることがわかってきました」と語られました。その放映内容が番組ホームページにまとめてありましたので、いくつか抜粋して紹介しておきます。

「一つ一つは小さくても、多くのストレスが重なると、キラーストレスともいうべき危険な状態に陥ります」

「ストレスがかかると自律神経の興奮やストレスホルモンが過剰な状態に陥り、さまざまな病気を引き起こしたり悪化させたりします」

ストレスが引き起こす心の病の代表はうつ病とあり、絶え間ないストレスが、脳を破壊し、その状況を悪化させるもうひとつの仕組み「マインド・ワンダリング（こころの迷走）」について次のように書かれていました。

「例えば、上司の厳しい叱責など大きなストレスにさらされた場合、上司が目の前からいなくなった後も家で叱られたことを思い出したり、また明日も叱られるかもと想像したり。そのたびに脳はストレスを感じ、ストレス反応を起こします。このように目の前の現実についてではなく過去や未来について考えをめぐらせてしまう状態は『マインド・ワンダリング（こころの迷走）』と呼ばれます」

ストレスに強い人弱い人の原因について「その要因の一つとして注目されているのが生まれ育った環境です」とありました。

キラーストレス対策にデジタルと離れる時間をもつ

私は多くのクライアントのサブコンシャス・コーチングやサブコンシャス・ソウルヒーリングを通して、いかに生まれ育った環境がその人の価値観や後の人生に影響しているかを解明してきました。「我慢」していたこと、「わかってもらいたかった（または、わかってもらえなかった）」ことが、心の不調の始まりだったというのが非常に多いと感じます。

メンタルヘルス対策には、この生まれ育った環境を見直す必要があるといえます。ときには母胎内まで遡り、自分の心の育て直しをしながら、心の不調の根本的な解決を目指します。これについては別の章で詳しく述べていきます。

キラーストレスに陥らないためには、デジタルデバイスから離れるデジタルデトックスの時間を持つことも必要だと考えます。現代人は、さまざまなアプリを駆使して仕事や勉強、趣味、ＳＮＳやゲーム、暇つぶしにと、プライベートな時間に至るまで、常にデジタルデバイスを扱っています。今では老若男女問わず普及している便利なスマートフォンがキラーストレスを助長させるともいわれています。

それらは便利で快適なものですが、頼りすぎれば、溢れる情報に脳が疲れ、かえってストレスを増やします。昨今のＩＴ技術はどこまで進歩するのか計り知れないものがあり、直接的な関係はないにしても、過剰なテクノストレスから、キラーストレスに陥りやすい状況も間違いなく増えるでしょう。

オンラインシステムは会社の業務コミュニケーションツールとして広く浸透しており、子供から大人まで使いこなすことが求められています。ここへきて働き方改革やコロナ禍もあいまって、仕事や授業の早急なオンライン化を余儀なくされ、デジタルデバイスに触れる時間は一気に増加しました。

リモートワークをきっかけに自然が多い場所へ引っ越したり、自宅にいることで家族とのコミュニケーションが深まったり、心に余裕を持てるようになったとオンライン化にメリットを感じる人も多くいますが、すべての人がそのようにできるわけではありません。かえって仕事量が増え、慢性的な肩こりや目の異常、睡眠障害、うつ症状など、知らぬ間にテクノストレスで心身に支障をきたすという弊害も生み出されているのです。

現実社会とネット社会での人間関係のギャップも深刻な問題のひとつです。どれだけの人が自分のデジタル依存に気づいているのかは疑問ですが、デジタルデバイスやインターネットと健康的に付き合うためにもデジタルと離れる時間を持てば、確実にストレスは軽減されるでしょう。

実際、電源をＯＦＦにしてみると、時間に追われていたことに気づき、頭がクリアになり、気持ちがすっきりしたと感じる人もいれば、イライラ落ち着かず不安がよぎる人など、自分の状態がわかるはずです。今の自分を見つめる時間ができ、心の中にある余計なものに気づきやすくなり、いわば心のデトックスにつながっていくのです。

「マインド・ワンダリング（心の迷走）」がストレス要因になっている

悩みについても、あやふやにしたままにせず、自分は何に悩んでいるのかを具体的に考えてみることです。そうしないとただの不満や愚痴で終わります。この悩みがストレスの引き金となり、心身の不調が生じると言っても過言ではないでしょう。

自分に合ったストレス解消法を見つけ、気持ちの切り替えができればいいのですが、一時的に発散することができてもすぐ元に戻ってしまう人や、不安や心配、悩み事について「些細なことだから……」とそのままにして、いつの間にかストレスが蓄積されていたという人も多いでしょう。

不安や心配、悩み事などを頭から切り離しているつもりでも、無意識のうちに、まるで走馬灯のようにぐるぐると思い巡らす「マインド・ワンダリング（心の迷走）」が自分自身をストレッサー（ストレス要因）にしているともいえます。

現在ではなく過去や未来のことを考えている状態であるマインド・ワンダリングは誰にでも起きている現象です。今やっていることと関係のないことを考えている時間は、日常生活の中で多くを占めているといわれ、簡単にいうと心ここに在らずという状態です。

ヨガを習い始めたばかりの会員さんがこんなことを言っていました。

「職場にいるときは、仕事をしながら今日は早くヨガに行って、すっきりしたい！　と思っていて、ここへ来てヨガを始めると仕事のことを考えて明日はどうしようかな？　と、今やっていることになかなか集中できないんです」

瞑想中に「今晩の夕飯、何にしようかしら?」と考えている会員さんもいました。これらの雑念もマインド・ワンダリングですが、雑念＝（イコール）悪いことではありません。雑念が湧いていると気づくことが大事であり、その中からひらめきが生まれることもあるでしょう。

しかし、ネガティブな雑念、マインド・ワンダリングはキラーストレスに関わってきます。そこから抜け出し、ネガティブをポジティブにもっていくのは自分自身です。

気がかりなことに気持ちがとらわれていると、注意力は散漫になります。今しなければならないことに集中力が欠ければヒューマンエラーも起きやすくなるでしょう。このマインド・ワンダリングやテクノストレスは、脳を疲れさせ、自分で自覚しない「隠れ疲労」まで蓄積し、キラーストレスへの危険性が高まるのです。

ストレス対処法のひとつとして、ジョン・カバットジン博士（マサチューセッツ大学メディカル・センターのストレス・クリニック創設者）が考案した〝今〟に集中する「マインドフルネス瞑想法」が注目されています。瞑想にはさまざまな方法があり、そのどれもが意識の集中やリラックス効果を高める働きを持っています。

デジタルから離れ、雑念をいったん遮断し、注意を今に集中する瞑想は、ストレス・コントロールとして有効なものです。もともと瞑想とは無になることではなく、外に向いている意識を自己の内面に向け、意識を集中させることですから、ストレスがあってもなくても、自分自身を知り、より良く変革していくための実践法です。瞑想する際の集中をより高めたいなら、呼吸法を重視したヨガも併せて実践していただくことをお勧めします。

キラーストレスは、一つひとつが小さなストレスでも、多く重なるとストレスの暴走が起き、自分自身をも破壊しかねない恐ろしいストレスですが、それに陥らないためには、自分が感じている些細なことやちょっとした我慢などの小さなストレスに気づき、そのままにしないことです。何より必要なのは、心のゆとりを取り戻すことです。

日常生活の中に、ちょっとした楽しみを重ねていくことで、小さなストレスは解消しやすくなるはずです。自分が楽しいことは自分にしかわかりません。自分なりの楽しみを見つけてください。

自分を後回しにせず、自分の時間を大事にするという心がけから始めれば、今の自分自身に気づきやすくなり、ひいては心豊かな自分らしい生き方が実現していくのです。

第1章

無意識の偏見と育った環境の因果関係

「無意識の偏見（アンコンシャス・バイアス）」の弊害

人の考えやものの捉え方はそれぞれで、多くは育った環境でつくられます。人によって違いがあるからこそ、さまざまな視点の意見や多様なアイデアが生まれますが、ときとして「無意識の偏見（アンコンシャス・バイアス）」が影響し、それが弊害になることもあります。

無意識の偏見とは、その人の過去の経験や習慣で、知らず知らず身についた無自覚の思い込みのこと。自分では認識していないので、普段の何気ない言葉や行動であらわれても、そこに歪みや偏りがあるとは気づきにくいのです。職場などのコミュニケーションの不全やハラスメントに関わることから、その知識や対処法の研修を導入する企業が増えているようです。

無意識の偏見についてわかりやすい事例があった新聞記事の一部抜粋を紹介しておきます。

「男性の方がリーダー向き」「育児は女性がすべきだ」などの思い込みが従業員の能力をそいでいないか？（中略）評価や育成を巡る「アンコンシャス・バイアス（無意識の偏見）」を排し、多様な社員が活躍する職場をめざす。

●こんな考え方がアンコンシャス・バイアス

・女性はこまやかな心遣いができる
・女性は管理職に向いていない
・短時間勤務の社員は仕事より家庭が大事
・女性は生まれつき、数学の能力が男性より低い
・男性は家事が下手
・シニアはパソコンが苦手
・ＬＧＢＴの人はオシャレ

（朝日新聞　Dear Girls　２０１８年3月8日掲載より）

無意識の偏見は、誰もが持っており、良い悪いと論じるものではありませんが、それに気づくことで自分の意識を変えていくことはできます。相手の状況や心情を推し量り配慮することで、物事はうまく運ぶことがあります。目上の人や仕事での関係に限らず、親や友人、子どもなど相手の気持ちを察して行動する場面は日常的にあり、むしろお互いに気持ちよく過ごせる場合も多いでしょう。

しかし、相手の状況や都合がわからずに、勝手な思い込みで余計な行動をすると相手にストレスをかけることになります。相手の反応が思っていたものと違えば不満に感じ、自分自身にもストレスがかかります。親切心からの気遣いでも相手は望んでいないかもしれませんし、必要以上の配慮や決めつけが結果的に相手を傷つけることもあります。職場や友人、家族間で、相手の気持ちを確認せず、勝手に思い込んではいないでしょうか。

自分が常識だと思っていても実は偏見だったという場合もあり得るのです。

これらは身近なところにあり、近年では災害時に起きやすい「正常性バイアス」も記憶に新しいでしょう。これは、危機的状況なのに、自分だけは大丈夫と逃げ遅れたり、たまたま今回起きたことで自分には関係ないと、情報を無視したり軽んじているなどが含まれます。

子ども時代に傷つき、刷り込まれた無意識の偏見

思い込みや決めつけには、どうせ私なんか〜、私には無理……、といった自分に対するものがあります。そこには、生まれ育った環境の中で親から刷り込まれた価値観や潜在意識の傷つきが大きく影響しています。

初めての社会生活は、生まれ育った家庭から、すでに始まっているのです。いきなり大人になったのではなく、誰もが必ず通ってきた道のりが育った環境です。

『星の王子さま』（サン＝テグジュペリ著、岩波少年文庫）の冒頭のレオン・ウェルトへの献辞に「おとなは、だれも、はじめは子どもだった。（しかし、そのことを忘れずにいるおとなは、いくらもいない。）」とあります。いつの世にもすべての大人にあてはまる言葉です。

主人公が出会った王子さまはいろいろな星をまわり、我欲、権力、自分本位の人などが住んでいる星の様子を語ります。今の世の中と変わりません。『星の王子さま』が70年以上も前から根強く親しまれているのは、人の心に気づかせるヒントがたくさん詰まっているからでしょう。心の豊かさが薄れ、自分を見失いがちな現代に響くものがあります。

子ども時代は、自分、両親、祖父母、周りの人にも同様にあり、世界中すべての人にそれぞれの育った環境があります。各国に異なる文化があり、狭い日本の中にも異文化は存在し、ちょっとした常識の違いもあります。家族構成、親の職業、方言、食文化、風習、気候などあらゆる要素からできた環境の中で育ち、社会に出てから初めて違いを感じることも多いはずです。出身地が遠く離れた者同士が結婚し、暮らし始めてから違いに気づき、驚いたという話もあります。

子どもだった頃を振り返り、そこで何が起きたのか、何があったのか。嬉しいこと、悲しいこと、それをどう感じ、どう表現したのか。その事実は、あなた自身が一番知っています。身体は大人になっているけれど、心（魂・精神）の成長は、子どものまま傷ついた時点で止まってはいないか、わだかまりがないか、自分を注意深く掘り下げてみることが、自分が持つ無意識の偏見に気づく方法のひとつです。

子どもの頃のことは、終わったこと、過ぎたことではなく、良いも悪いも記憶に刻まれています。記憶には意識上ですぐに思い出せる表層の顕在記憶と、意識上では忘れている深層の潜在記憶があり、そこには、考え方や無意識の偏見をつくった要素を知る手がかりがあります。

親や教師、周囲の大人たちからの偏見が、自分に対する思い込みや過小評価につながることがあります。それは、自分自身への無意識の偏見であり、社会に出てからの環境の変化で顕著にあらわれてきます。

自分自身への無意識の偏見は、自分が持つ可能性をふいにしてしまう恐れがあります。自分の個性を眠らせ、自信があっても一歩引いてしまい、いくつものチャンスを逃してしまうのです。

どうせ私なんか〜、私には無理……、の言葉の奥に、本音ではやってみたい、ほんとうは自信がある、という気持ちの人もいるのではないでしょうか。

変に遠慮し、我慢する癖は、いつ頃から始まったのでしょうか。

無意識の偏見は、身近な家庭環境の中から始まっています。
例えば、左記のようなことが考えられます。

●親に逆らえず、親の顔色を見て育ち、親の気持ちを推し量る習慣がつき、大人になってからも勝手に推察し、誤解を招きやすい
●親や先生、周りの大人たちからの決めつけや思い込みで話を聞いてもらえず、自分の意見や考えがあっても、うまく伝えることが苦手
●過干渉や過保護な親の言いなりになって自分で考える力が育たず、大人になるにつれ不安や緊張が膨れ、自信が持てない

家庭生活でのコミュニケーション不足は、社会に出てからの人間関係などに影響してきます。小さい頃から本音を言えないまま我慢や遠慮、親や周りの大人に気を遣うことが身についていると、自分が大人になってからもコミュニケーションが必要な場面で、大事なことを言わない、聞かない、確かめないことが常態化し、勝手な判断や思い込みで忖度《そんたく》に

つながっていくのです。そこには、褒めてもらいたい、認めてもらいたいという、子どもの頃の潜在意識が少なからずあるのではないでしょうか。

潜在意識から見る「無意識の偏見」（講座感想レポートより）

●Yさん

子供の頃から親の勧めることをしていたのかなと思った。

プール教室に行かされたり、塾に行かされていた。

プールはアウェイな感じで怖くてイヤだったし、塾も乱暴というかガサツな教師が怖くてイヤだった。高校の選択も親の考えや言っていることを鵜呑みにしていた。

引きこもっていて、久しぶりに働こうと思って「これをやろうと思うんだけど」と背中を押してほしくて相談しても、「こんなのダメよ。こっちのほうがいいわよ」とか無神経なこと言ってイラっとしたこともあった。

せっかく勇気出してやろうとしてんのに、やる気なくすようなこと言うなと思った。

自分ではこの家庭でしか育ってないから普通がわからないけど、どうもウチの母親は、過干渉だったかなと、思ったりする。

●Nさん

育った環境は良くも悪くも大きな影響を与えてきたと思う。子供はこうだ！　お姉ちゃんはこれしちゃダメ、こうあるべきだ、と両親に言われ続け、そうなんだと思い、いつしか偏見につながった。ここに来なかったら気づかず苦しんだだろうなと思うことがたくさんある。

それとは逆に小さい頃から多国籍の友達に囲まれていたため、国や文化、肌の違いには偏見を持たずにこられた。かえって「帰国子女」であり、英語ができるということに偏見を持つ人にたくさん出会い、身を固くしてしまったこともあったなぁと思う。

とにかく自由に。自分を解き放つ。私の今の最大の目標です。

潜在意識へ働きかける
サブコンシャス・コーチング

自分の考え方のパターンを知れば、自分が持つ無意識の偏見に気づきやすくなり、意識改革に役立つはずです。簡単な入口として、口癖になっているワードがないかをみてみるのもいいでしょう。例えば「どうせ～」「だって～」「～のくせに」。平気ではないのに「平気、大丈夫」、断りたいのに「いいよ」とつい言ってしまうなど。口癖の奥にある本音、本心はどうなのでしょうか。

自然と無理なく出てくるポジティブな言葉なら、自分らしくイキイキとしたエネルギーに満ち溢れるものですが、ネガティブな表現になりがちな口癖があると、自分を好きになれません。「～したつもり」というのもよく耳にする言葉ではありませんか？

確認せず思い込みで行動したときや、頭で考えたことと結果が違ったときに「ちゃんとやったつもり」「間に合わせるつもりだった」「そんなつもりじゃなかった」など、気づかぬうちに多用していることもあるかもしれません。

口癖はなくても、内心で思っていることや感じていることはないでしょうか。すぐに思いつかなくても、自分の内面へと意識を向ける時間を重ねていけば、つくった自分はいないか、自分の本音はどうなのか、少しずつ明らかになっていきます。

当たり前になりすぎていることでも、潜在意識へ働きかけるサブコンシャス・コーチングを受けると、心の中が整理され、本音や本心、思い込みや考え違いなど、気づいていなかったものが引き出され、意識改革に役立てていくことも可能です。

気づいたら終わりではなく、その後どのように考え、それをどう行動に移し、継続していくかはあなた次第です。いつの間にか元に戻ってしまい自分を責めてしまう日があったとしても、そんな自分を諦めずに、ポジティブに変換させていくのもまた自分自身なのですから。


ここでふたつの事例を紹介します。

●TMさん――登校拒否の話――

（母と私）

小学5年生のときのクラス替えで、それまで仲良かった友達全員が別のクラスになったことがショックだった。当時の私は、自分から話しかけることが全然できないくらい人見知りが激しく、他人と比べ自分が劣っていると感じるとひどく落ち込む性格だった。新しいクラスに溶け込めず孤立し、コミュニケーションの取り方がわからずにいた。球技などでチームプレーがスムーズにできず責められたことや、いじめを受けたこともあった。きっと先生やクラスメイトからも嫌われているに違いないと萎縮し、ストレスを溜めるようになり、誰にも相談できないまま、学校は休みがちになっていった。

「いじめられているから学校に行きたくない。友達ができなくてつらい」と母に話しても、「自分からどんどん話しかければいい。いじめられたらいじめ返しなさい。お母さんも会社で嫌がらせされても辛抱して働き続けたわよ。あなたも我慢して学校に行きなさい。休むことは許しません」と言われた。我慢して行くことは「無理だ」と言い返すと、母はひとしきり感情的に説教をし、「他の子は明るく学校へ通っているのに、何で当たり前のことがあなただけできないの⁉　学校に行けない怠け者に育てた覚えはない！」と号泣し、私は何も言えなくなった。

振り返ってみての本人の思い

ほんとうは学校に行きたいのに行けないという大きな悩みだったから、私の立場に立った上でアドバイスが欲しかった。もし母の言うようにできていたら、あんなに苦しまず明るく学校へ行っていたのだから。つらい気持ちをわかってもらえないまま、他の子と比べられ傷つき、怠け者扱いされて腹がたった。

母の気持ちだけを押し付けられ、頭が混乱した。母とは会話のキャッチボールがうまくできないことがしばしばあった。論点がずれたことを言われイライラすることがよくあったが、自分もそんな母をみて育っているので、同じように論点がずれてしまっているように感じる。私の人間関係がうまくいかなかった理由のひとつといえる。

（担任の先生）

担任の先生は学校に行きたがらない私を度々迎えに来て、無理やり連れて行った。まるで綱引きの綱のように私を引っ張り、通行人のいい見世物になっていた。

先生は「登校拒否児という好ましくない子をクラスから出したくない。行こうとしない日は両親も力を合わせて連れてきてください」と言っていたそうだ。先生や両親から有無を言わせず学校に運び込まれることが増え、体調の悪い日が多くなっていった。

他人とのコミュニケーションに悩み、登校拒否が続いていた冬のある日。学校を休んだ日が、たまたま雪かきの日だった。先生は「仲間と協力して取り組む大事な行事。苦労を避けて通るとは何事か」と怠け心で休んだと決めつけていた。

また、母に私のことを「大人になってまっとうな社会生活を送っていける人間には到底なれませんね」と言ったと後日聞いた。自信を失っている状態に輪をかけて、不安になったことを昨日のことのように覚えている。

振り返ってみての本人の思い

先生なりに一所懸命してくれたかもしれないが、考えを押し付けたり決めつけたりせずに、なぜ学校に来たくないのか理由を含めて、話をちゃんと聞いて欲しかった。

児童期のＴＭさんは、親や教師という身近な大人たちが、体裁ばかりを考えて行動する姿に、人間不信や失望を感じたに違いないでしょう。

母親と担任のどちらもＴＭさんの気持ちを真剣に聞かず、悩みに向き合ってくれなかったのです。一人っ子のＴＭさんは、どうしていいかわからない状態で、味方がいない心細さや不安、寂しさを抱え、心の傷となって潜在意識に残っていました。サブコンシャス・ソウルヒーリングで当時が表出したＴＭさんは、自分の思いを吐き出し癒しながら、自己分析と自己変革に取り組んでいます。

●YMさん――昇進の話――

昇進の打診があったとき、引き受けるかどうかかなり迷った。今の仕事に自負があり、お客様からの信頼も得ていて、ある程度満足していた。しかし、管理職になれば今まで通りというわけにはいかず、避けていたことにも目を向けなくてはいけなくなる。

今だからわかることだが、以前の私は、仕事上で相手からもっと説明すべきだろうと思うことがあった。例えば、内容共有のために担当者とお客様とのやり取りメールを見れば理解できるが、言ってくれなきゃわからないこともあるのにと苛立つのだ。

自分から尋ねることはせず待つ姿勢だった。私が知る必要のない情報もあったかもしれないが、そっちから教えてくれればいいじゃないか、と不満が態度に出ていたと思う。上司への不信感があり、職場の人たちとの関係も良いとはいえない時期があった。

今は、ヨガ・瞑想と呼吸法を続けながら自己と向き合い、サブコンシャス・コーチングで、周囲への偏った見方にも気づきやすくなった。サブコンシャス・ソウルヒーリングでは潜在意識の傷つきなどが癒されたことで、自分の考え方や意識が変わってきた。仕事でも感情的にならず自然と冷静に対応でき、客観的になっている。

自分でも少しずつ成長してきたなと感じるようになり、昇進について周囲やアストライアの先生方に相談しながら考えがまとまっていった。一人だけで考えていたら決心できなかったと思う。

上司への不信感も緩和し、見方を変えれば適切な指示だったこと、コミュニケーション不足があったこと、昇進の話は私の成長を見ていてくれた結果だと、素直に受け止められた。正式な辞令が出る頃に、ちょっと考えが足りなかったかも……という迷いが出たが、最終的にやってみるしかない、やってみないことには始まらない、決めたのは自分の責任なのだと前向きに捉えられた。

今、管理職としての仕事がスタートし、引き受けてよかったと思っている。意識が変わり、物事の見方も変化している。

この新しいチャレンジを、自分のステップアップにつなげていきたいと思う。

ＹＭさんには、サブコンシャス・コーチングで次のように助言しました。

「仕事ができなければ会社として昇進はさせない。会社があなたの仕事ぶりを認めて、昇進させたのだから。自分を信じていない傾向があるので自信を持つように」

今後、ＹＭさんがこの気持ちを忘れず、どのように自己変革し結果を出していくか、きっと本人自身が楽しみでもあるでしょう。

第2章

潜在意識に気づくために

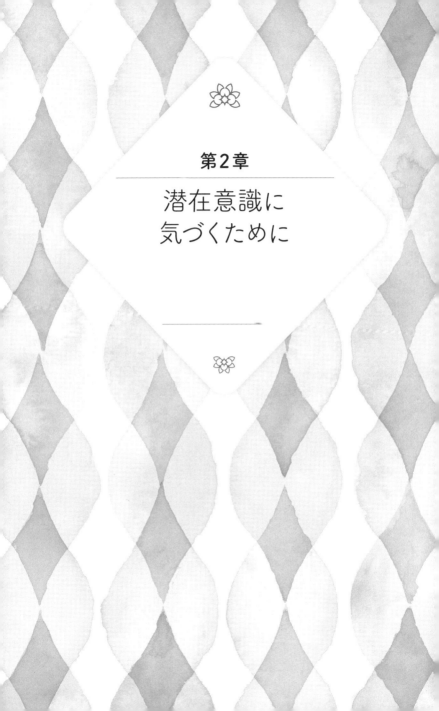

母胎内から乳幼児期に魂（心・精神）に刻まれる潜在意識・潜在記憶

生まれてから成長する際に必要な衣食住から家庭生活で起こるさまざまな出来事は、良いも悪いもその人に影響を及ぼし、人格を形成していきます。キラーストレスと無意識の偏見のどちらにも共通したキーワードは「育った環境」とありました。すべての人に十人十色の育った環境があり、たとえ同じ両親の元で育った兄弟姉妹でも感じ方は違い、個人差があります。母親のお腹に宿ったときからが、育った環境の始まりです。家庭という初めての社会生活を経験していくのです。私たちの誰もが母胎内から乳幼児期までの身体や脳が著しく発達する時期に、周囲からあらゆる刺激や影響を受け、吸収しながら自我を確立します。その経験による感覚や感情は、潜在意識・潜在記憶として魂（心・精神）に刻まれていきます。

潜在意識・潜在記憶とは、自覚されないまま潜んでいる意識と記憶のことで、大人になってから何らかの形で顕在化する場合が多くあります。今日では広く知れられている「胎内記憶（母親のお腹の中にいる胎児が外の声や音を聞いている）」も潜在記憶であり、母胎内で過ごす期間は人格形成に重要な時期といえます。妊娠中の母親がおかれていた立場や周りを取り巻く環境、それによって母親が受けた心的・精神的な安心または不安は、胎児に大きく作用し、場合によっては出生前からすでに、ポジティブな性格、ネガティブな性格が形成されていくのです。これらのことは、私が長年おこなってきたサブコンシャス・ソウルヒーリングでクライアントから母胎内の記憶が表出し、明らかにされています。そこに傷つきや歪みがあれば、胎内記憶の癒しと心の育て直しを重ねることで、本来持っているポジティブな意識が引き出されていくのです。

胎内記憶は、数十年も前から研究されてきた分野であることは、左記の抜粋した文をお読みいただくとわかるでしょう。

「胎児は、見、聞き、感じ、さらには母親の思考や感情を読み取ることさえでき、胎生六カ月目ごろ（ひょっとするともっと早く）から、積極的に精神的な活動を行なっている一己《いっこ》の人間なのである」

（T・バーニー著『胎児は見ている』祥伝社）

「たとえば、胎児が子宮内で大量の「ストレスホルモン」にさらされると、ストレス反応にかかわる遺伝子のスイッチがオフにされてしまう可能性がある。そうなると、大人になったとき、ストレスにうまく対処できなくなってしまう」

（『ニューズウィーク日本版』誌（1999年10月6日号）の特集記事「子宮は健康のプログラマー」より抜粋）

私たちは生まれてくる前のお腹の中で、自分の存在がどのように思われ、扱われているか、お腹の外の様子も含め、母親の感情や感覚も感じ取っているのです。

サブコンシャス・ソウルヒーリングで潜在記憶を解明、癒し、解放する

サブコンシャス・ソウルヒーリングで母胎内でのことが解明された事例

物理的な理由がなく、体のあちこちが痛くて動けなくなったKさん

母親が妊娠中だったのに、お腹が目立たないように押さえつけ、薄着で出かけていることが多く、胎内でのKさんは縮こまり、ガクガクと寒さに震え、体中に痛みを感じる様子がリアルに表出した。母胎内での苦痛や寒気を訴え、その胎内意識が癒されていくと、徐々に体の痛みは和らぐようになった。

過食が止まらなくなっていたAさん

母親が妊娠中のとき、厳格な姑と同居しており、長男の嫁としての振る舞いに気をつけ遠慮して、食事も控えめだった様子がリアルに表出した。Aさんは胎内から、もっとご飯

を食べて！　と栄養が足りないことを訴え、その胎内意識が癒されていくと、徐々に過食が落ち着いていった。

これらは事例のほんの一部にすぎません。また、たった一度のサブコンシャス・ソウルヒーリングで、不調がすっかりなくなるわけでもありません。何度も何度も同じようなことがあり、そのたびに少しずつ傷ついて、潜在意識に深く刻まれていたものだからです。このように今の自分の身に起きていることが、母胎内の意識や記憶と関連していることは非常に多いのです。

各家庭や学校教育の枠組みの中で、のびのび育った人もいれば、幼い頃から刷り込まれた価値観や固定観念にとらわれている人もいます。誰からも強制されていないのに、大人たちの様子を見て、自らこうしなければ、ああしなければと考え、刷り込んだ価値観を持った人もいます。

大人になってから、あるいは親になったとき、自分の母親と同じようなことをしていることに気づき、学べて良かったと思う人もいれば、見習いたくなかったと悩む人もいたり、または同じことをしているとと気づかないままだったりとさまざまです。

このように育った環境でのことは、良いも悪いも潜在意識に刻まれ、お手本となる母親と同じような言動になる傾向があります。母親だけでなく、父親の場合にも同じことがいえます。

刷り込まれた価値観が自分の考えだと、無自覚のまま疑いもせずにいることがほとんどかもしれませんが、もし、もんもん、もやもや、はっきりしないけれど何か違和感があるなら、それは自分自身から気づかせのシグナルが送られているのです。自分のほんとうの考えや思いを知り、自分をより良く変えていくチャンスでもあります。

子どもの頃を回想しながら自分の育て直しをしていけば、悩みや迷い、ストレスから解放されていきます。それは難しいことではなく、素直に自分と向き合えばいいのです。そこにはあなただけが知っている事実、本音があります。あなたの中に答えがあるということです。

良い悪いではなく事実が重要であり解決への道標なのです。言い換えれば、ありのままの自分（本音）を見つめ、認め、軌道修正すれば、悩みや迷い、ストレスから解放されていくということ。その参考になる処方箋をお知らせしているのです。

「自分の事実」に向き合い、正しく認めるファクトフルネス

私は常々、自分をしっかり持っていれば正しい判断ができることを講座やコーチングの際にも話していますが、それには自分自身の事実（ファクト）を正しく知り、自己と向き合う重要性を伝えています。

ある日、何気なくTVを観ていて『ファクトフルネス』（ハンス・ロスリング他著・日経BP社／2019年）」の紹介に目が留まり、すぐさま手に入れ、その内容に共感するものがいくつもありました。

本の表紙には「10の思い込みを乗り越え、データを基に世界を正しく見る習慣」とあり

ますが、ファクトフルネスは、自分の事実に向き合い、自分の内面を知ることにも応用できると考えます。潜在意識や潜在記憶はデータ化や数値化はできないにしても、思い込みや自分だけの考えを正当化している事実に気づけば、自分らしく生きる道へと素直に進んでいけるでしょう。

また、本の帯には「あなたの〝常識〟は20年前で止まっている⁉」と書かれていました。この言葉にも、刷り込まれた価値観や潜在記憶を引き出す手がかりがあります。あなたの考え方の基準はどこかの時点で止まってはいないでしょうか？

常識には、一般常識とそれぞれの考えでの常識があります。後者は育った環境の中で、親の価値観と家庭内の枠にはめて作られた常識です。あなたの考える常識とはどんなものでしょうか？

ＡＩ時代に突入し、人間はますます考えることを怠り、退化していくような懸念もよぎります。ものによってはその便利さに溺れ、ヒューマンエラーによる初歩的なミスから取り返しがつかない大きな問題になる恐れさえあります。

人は皆、自分の考えがあり、個性があり、創意工夫できる能力を持っています。それが発揮できているか、やりたいのに今一歩踏み出せない苦しみがあり、悩んでいるか。

子どもの頃から失敗もヒントにしながら自分の考えを育て、自分らしく生きている人もいます。しかし、他人の受け売りや知識だけが豊富になり、あたかも自分がその通りできていると錯覚し、理屈でものを言っている人もいます。そのような知識だけの頭でっかちや知ったかぶりは、いずれ精神的ストレスになるでしょう。

自分の考えに蓋をした人も多く見受けます。育つ過程で、親や周囲から受けた抑圧は、たとえ自分の考えがあっても、しだいに言い出せない、言う自信がないなど習慣化されていきます。やがて相手の気持ちを勝手に忖度するような考え方が膨み、大人になってからも精神的な疲れが慢性化するのです。

見直してみれば、思い当たるふしがあるのではないでしょうか。考えを眠らせ自ら蓋をしたのなら、その蓋を開けられるのはあなた自身です。

誰もが持っている「自分で考える力」を目覚めさせましょう。

自分で考える力とは、自分で判断し決断する力であり、自分で行動する力へとつながっていきます。仕事や人間関係、自分のことなど、頭でぐるぐる思い巡らすのではなく、自分の考えや気持ちも含め、紙に書き出して整理してみると、無駄なことやどうでもいいことに時間を費やしていると気づきやすくなるでしょう。

漠然とした、言い知れぬ、理由がわからない感覚、不安、心配、緊張、もんもん、イライラ、ムカムカ、怒りの感情などは、わだかまりとなって心に影を落とします。悩みや迷いに対して、気持ちを切り替えポジティブに解決しようとするか、ネガティブに思い巡らし、精神的疲労を重ねキラーストレスに陥りかねないか。

悩みや迷い自体は決して悪いわけではなく、その中に自分を成長させるヒントがあります。悩みや迷いにはポジティブとネガティブの分岐点があり、それらの「自分の事実」に向き合い、正しく認めるのが自分へのファクトフルネスです。ありのままの素直な気持ちで向き合い、気づいていけばいいことなのです。

ここで「ファクトフルネスと潜在意識」の講座参加者の声を紹介します。

●Oさん——感想——

ポジティブとネガティブの分岐点という部分には自分自身強く反応するものがあった。

生きていく中では決して良いことばかりではない。良くない状況になったときにどう考えるかで成長するか振り回される結果になるか……。

その中で完全な答えを求めようとしてもやはり苦しくもなるし、何もしなくても苦しくなる。そんな思いを感じた。それも事実を正しく見ているかいないかで当然変わってくることだし、無理にポジティブな考えをしてもそこにギャップがあってはやはり苦しくなるから、ただ単にポジティブであるということではダメなんだろうなと感じた。

本来の自分はポジティブであると思う。ただ日常の中でネガティブな感情になるときもある。長期的にネガティブな感情を持ち続けると本来の自分から遠くなってしまうだろう。だからこそ、自分自身を素直に見つめることが大切だし、これからも自分自身を素直に見つめていきたいと思う。また、特にこれから意識したいのは、「自分の考えがどこで止まっているか？」である。自分自身が停滞していると感じたときに、どこかで何かが止まっていると思うからだ。もちろん固定観念などの要因もあるだろうが、まずは「自分の考えがどこで止まっているか？」そこに意識を集中したい。

好奇心が旺盛な子どもの頃、個性が伸びる時期に、のびのびと想像力豊かに育ったか、または親や周りの大人の抑圧で「これもダメ」「あれもダメ」と好奇心の芽を摘まれたか。なぜダメなのか、何がダメなのか、そのとき大人が子どもの目線で、理由をきちんと説明していれば、潜在意識の傷つきにはならないのですが、理由がわからないまま我慢した感情は解消されず、わだかまりとなって潜在意識の奥に留まります。

喜怒哀楽を表現できず我慢した、のびのびと自分が出せなかった、本音が言えなかった子ども時代を過ごすと、自分に対する無意識の偏見を持つようになります。育った環境の出来事は、ポジティブにもネガティブにも作用し、肉体の成長と心（魂・精神）の成長のギャップが起こる原因にもなります。

しかしネガティブな気持ちの下には、必ずポジティブな気持ちがあります。

物事を先入観で決めてしまわず、思い込みを正当化せず、正しい判断ができるように、自分の事実、ありのまま（本音）の自分を見つめていきます。それは「自分の心（魂）と向き合う」こと。ありのままの先に「ほんとうの自分」が在るのです。

私が子どもの頃は、寝るときに父がよく絵本を読んでくれていました。川の字になって横たわり、姉と私の二人の間に挟まれた父は、「こっち向いて読んで！」という私たち姉妹の言葉に、右を向いたり左を向いたりと忙しかったようです。読み聞かせてくれた中にはミッキーマウスのお話もあり、その絵本は今でも私の手元にあります。

小学生になると、『眠れる森の美女』の映画に連れて行ってもらいましたが、そのときちょっとした姉妹喧嘩をしました。姉妹それぞれに買ってもらった映画のパンフレットが、後から見てみると、片方に傷がついていて、「これ（傷があるパンフレット）は私のじゃない！」とお互い言い合いになったのです。そんなことも含めて今ではいい思い出です。

皆さんも子どもの頃や大人になってからでも映画や本などで、心に残ることがあるでしょう。大ヒットしたディズニー映画『アナと雪の女王』では、エルサが「Let It Go」

を歌いながら自分に目覚めていく様子に感動した人が多くいました。特に日本語バージョンでの「ありのままの」というフレーズを高らかに歌い、解放感に満ちた人もいたでしょう。

そのとき、何を感じ、何を思ったでしょうか。ありのままでいいのだという気持ちと同時に、つくっている自分がいたことに気づいた人や、ありのままの先にある、ほんとうの自分・ポジティブな姿を心に描いた人もいるかもしれません。自分らしくありたいと願う気持ちが高まった後、どのようにしていくかはそれぞれですが、「つくった自分」「ありのままの自分」「ほんとうの自分」について、それぞれ自分なりに整理してみるのもいいでしょう。

この3つの面から見たワークついての事例を次ページに紹介します。

ネガティブ、ポジティブ両面から自分の事実（ファクト）を知る

フェイクニュースが飛び交う昨今、人はネガティブなほうへ気持ちが行きがちです。

YMさん

つくっている自分 つくっていた自分 偽り・ごまかし	ありのままの自分 ポジティブ・ネガティブ 気づき	ほんとうの自分 素直な自分 わだかまりがない
顕在意識上	**潜在意識**	**心（魂）と 一致した状態**

●いつもニコニコ ●人に良く見られようと表面を取り繕う ●褒められたり、相手が自分の予想していた反応を示すとホッとした ●私はこんなに周りに気を遣っているのに勘違いされることに不満を持っていた	●表面を取り繕った ●褒められたり、勘違いされたりすることがほんとうは嫌で、怒りも感じていた ●周りを意識しすぎて、ほんとうはとても疲れていた ●周りばかり他人にばかりに意識が向いて自分のことは見えていなかった（見ようとしなかった） ●特にドロドロした汚い部分（今まで必死に隠そうとしてきたもの）は、自分の中にそういうものがあることを認めたくなかった ●自己中心的・自分基準 ●自分の思い通りに人を動かそう、周りを変えようとする	●ありのままの自分ときちんと向き合おうという気持ちが出てきている ●苦手なこと、避けてきたものを克服したいという前向きな気持ちになってきた

感想……ワークは今の自分の整理になって良かった。こうやって書きだすと改めて思い出したり、気づいたりすることもあり、勉強になった。

OMさん

つくっている自分 つくっていた自分 偽り・ごまかし	ありのままの自分 ポジティブ・ネガティブ 気づき	ほんとうの自分 素直な自分 わだかまりがない
顕在意識上	**潜在意識**	**心（魂）と 一致した状態**

● 上手に書かなければ ● 書く文が下手 ● ほんとうの自分を出すと人からどう思われるか ● 常に自分ではなく人の評価を気にしていた ＊最大のネックは母	● 余裕がない ● 人の目が怖かった 母の目が怖かった ● 私って何なの？母の人形なの？ 私は人間よ。感情のある人間 ● 私をよく見てよ ● 母が病気がちでかわいそうで言えなかった。けれどそれは母の問題で、私は私でよかったんだ	● ほんとうは書けるのよ ● 湧き出てきたものをただ書くだけ
● 字や文を褒められても否定していた （心の奥底では嬉しい気持ちもある）	● 幼少期、作文を書くと母が手直しをすることが何度も続き、そのうち文も浮かんでこなくなり母に依存した作文＝書けない 心から思ったことを書いていたのに！ ● 姑から、何の能力もないと否定され、家事を必死にやっていた ● 褒められたことを認めると、頑張ってきたことが崩れてしまうのでは？　という恐怖があった ● 緊張	● 私はこつこつやれば何でもできる ● 一人で何かできる力がある

感想……28歳くらいのとき、人前で急に手が震えて字が書けなくなった。書類を書くときなど貧血を起こすほど書けない状態に。ヨガと瞑想、ヒーリングによって、作文は自分が心から思っていたことを書いたものだったとわかった。今は前ほど緊張せず書けるようになっている。

ネガティブな情報だけが目につき、事実を正しく見ようとしない傾向に気がつかないのです。知らなくてもいいことを気にしてしまう。知っておかないと遅れをとるからと焦ってしまう。そうやって、必要のない情報に振り回され不安になります。

身近な観点から「フェイク」について考え、自分を振り返ってみましょう。

自分を偽ったことはないでしょうか。大げさに考えず、良い悪いではなく、自分の気持ちに忠実に行動していたかどうか。

例えば、本音とは違う返事をした。格好をつけて、知らないのに知っているふりをした。気分が悪いのに平気なふりをした。自分の間違いを正当化するために、苦しい言い訳をした。ほかにも悪ふざけで「ブラックジョーク」を言ったつもりが誰かを傷つけていたり、嘘の話を鵜呑みにして噂を流したり、子どもの頃は悪気がなくても、大人になった今でも気づかず続いているなら厄介です。

無自覚の言動は潜在記憶に残っています。

ほんとうは言ったほうがよいとわかっているのに、相手に伝えられなかった本心。本音を言うチャンスを逃して誤解を招き、自らを困った状況に追い込んでしまったこと。子どもの頃の我慢の感情もそうです。
「淋しいのに」「悲しいのに」「文句を言いたいのに」「イエス・ノーを言いたいのに」「遠慮してしまった」。ほかにもいろいろあるでしょう。「かまってほしかった」「甘えたかった」などの素直な感情があること。「我慢」の感情がストレスとなり、心身の不調を招いたこと。しかし勇気を持って素直に自分と向き合い、ありのままを認めると気持ちが楽になっていくでしょう。

我慢が当たり前だと、知らぬ間に精神的な疲労も積み重なり、慢性的な不調を抱える場合があります。それは隠れ疲労と呼ばれる疲れでもあり、本人はそれを感じていないことが多いようです。この隠れ疲労は、自律神経の乱れや脳の疲れのほか、潜在意識も関係しているのではないかと考えます。

睡眠をとっているのに寝た気がしない、休んでもなかなか疲れがとれない、仕事の集中が続かずはかどらない、好きな趣味さえ楽しめないなどは、隠れ疲労のサイン、気づかせです。そのサインを無視して、これくらい平気、まだまだやれる、ここまでは頑張ろう、休むわけにはいかない、自分は大丈夫だと過信している人ほど、隠れ疲労を溜め込みやすいといえるでしょう。

そのほかにも流行やトレンド、ニュースなど必要以上に情報収集をする、惰性でネット検索やスマホゲームを続ける、余計なことばかり考えて自分で自分を疲れさせることも、隠れ疲労を増幅させる一因です。

こんな人は精神的な疲れを溜め込みやすい？

- ニコニコ笑顔の仮面をつけ、いろいろ頼まれやすく断れない。
- 他人の悩み相談を受けるが、自分の悩みは誰にも打ち明けられずにいる。
- 人に気を遣い過ぎて、やらなくていいことまでやってしまう。
- 自分のことより他人やほかのことが気になり、あれこれ思いを巡らす。

事例をあげればいくつもありますが、良い人ぶったり、平気なふりをして自分を後回しにし、我慢や勝手な忖度をすればするほど精神的な疲労、隠れ疲労は蓄積されるのです。

隠れ疲労をそのままにしておくのは、自分に小さなストレスを与え続けているのと同じです。ストレスの積み重ねは、やがて自分を蝕むキラーストレスになりかねません。

育った環境の中にも、隠れ疲労につながる要因があると考えます。

家庭環境が違えば我慢の感情も一人ひとり違いますが、「泣くことを我慢した」という潜在意識に注目してみましょう。

子ども時代、泣くのを我慢させられた、あるいは自ら我慢したという人は多くいます。

サブコンシャス・コーチング中、コーチングが進むにつれ相談者の抑えきれない感情が出てくることがあります。両目にはうっすらと涙が出かかっているのに、ぐっと我慢している相談者に「泣いてもいいのよ」と言うと、それでもひたすら耐える人もいれば、堰を切ったように涙を流す人もいます。我慢し抑え込んだ感情があるのですから、理由がわからなくても泣けばいいのです。泣くことでこの涙の原因と理由は少しずつわかってきます。

近年、泣くことはストレス発散になり、免疫力が高まり病気予防にもなるといわれていますから、意識的に映画や本などで泣くようにしているという話も聞きます。泣いて気持ちのリセットをしている人もいれば、それでは泣くことができない人もいます。感動もなく、かえって気持ちが冷めていく人だっています。

ただ、大人になってから無理に泣いた涙と、子どもの頃に我慢した涙とは違います。涙を出す、怒りを吐き出すことで、一時的にストレスが発散され、そのときはスッキリしても、心のわだかまりは残ったままの場合が多いと思います。

親から泣くことを止められた人など、それぞれの家庭に事情があります。大人の理不尽な考えや無意識の偏見、みっともないと世間体を気にするなど、泣くことを我慢させられることは精神衛生上よくないことです。それはやがて、多くは大人になってから、心身に痛みや苦しみ、精神的な疲れとなって出てきます。

自分の事実（ファクト）を知るために、今の自分を包み隠さずネガティブな面からと、ポジティブな面からで、それぞれ書き出してみましょう。自分だけの作業です。心にある本音、嫌なこともすべて素直に書き出すこと。その内容は誰にも言わなくていいし、見せなくていい、誰でもない自分自身に対して、正直に事実をさらけ出します。

よく「思い出したくないことがある」という人がいますが、「思い出したくない」ということは、「思い出せる」ということ。気づいているけれど、そのままにしているということです。

仕方がない、どうせ……と諦めたのか。どうでもいい……と投げやりになったのか。ほんとうの本音はどうなのか。思い出したくないことの中に「漠然とした、理由がわからない、言い知れぬ、もんもん、イライラ」などのきっかけになった出来事が封印されているかもしれません。

自分と向き合う「自己分析のBS・KJ法」

自分と向き合う方法のひとつとして自己分析のBS（ブレーンストーミング）とKJ法を紹介します。

もともとBSは、新たなアイデアを生み出すための方法で、企業の会議などでそのメンバーが自由に意見や考え方を出し合う集団的思考の技法のひとつです。KJ法は、BSによって得られた発想を整序し、解決に結び付けていくための方法です。

私はこれを集団ではなく、一人で自分と向き合うために応用できると考えました。従来の使い方とは違いますが、心の中の整理になるはずです。

まず、ポジティブとネガティブをわかりやすくするため、2色の付箋を用意し、胎児期から成人するまでを区分した用紙をBSに使います。節目節目で起こった出来事に対して、自分が感じたポジティブまたはネガティブな面（気持ちや感情、意識など含む）を、ランダムに付箋一枚一枚に書き出していきます。抽象的な言葉でも何でも、とにかくありのままを書き出します。

記入した付箋は、それぞれ区分に該当する箇所に貼り付けていきます。胎児期については、周りから聞いた話などがあれば、それに対してどう感じたかを書き加えてもいいでしょう。各区分に同じワードが出てくれば、新しく付箋に書き、一枚一枚貼ってみると、何歳くらいのときにどんな思いを持っていたか、何についてわだかまりがあったかなど付箋の量でも確認できます。

次にポジティブとネガティブの項目がある用紙をKJ法として使います。BSで出てきた気持ちや感情の付箋をカウントしていきます。例えば、不安というワードがあれば、そ

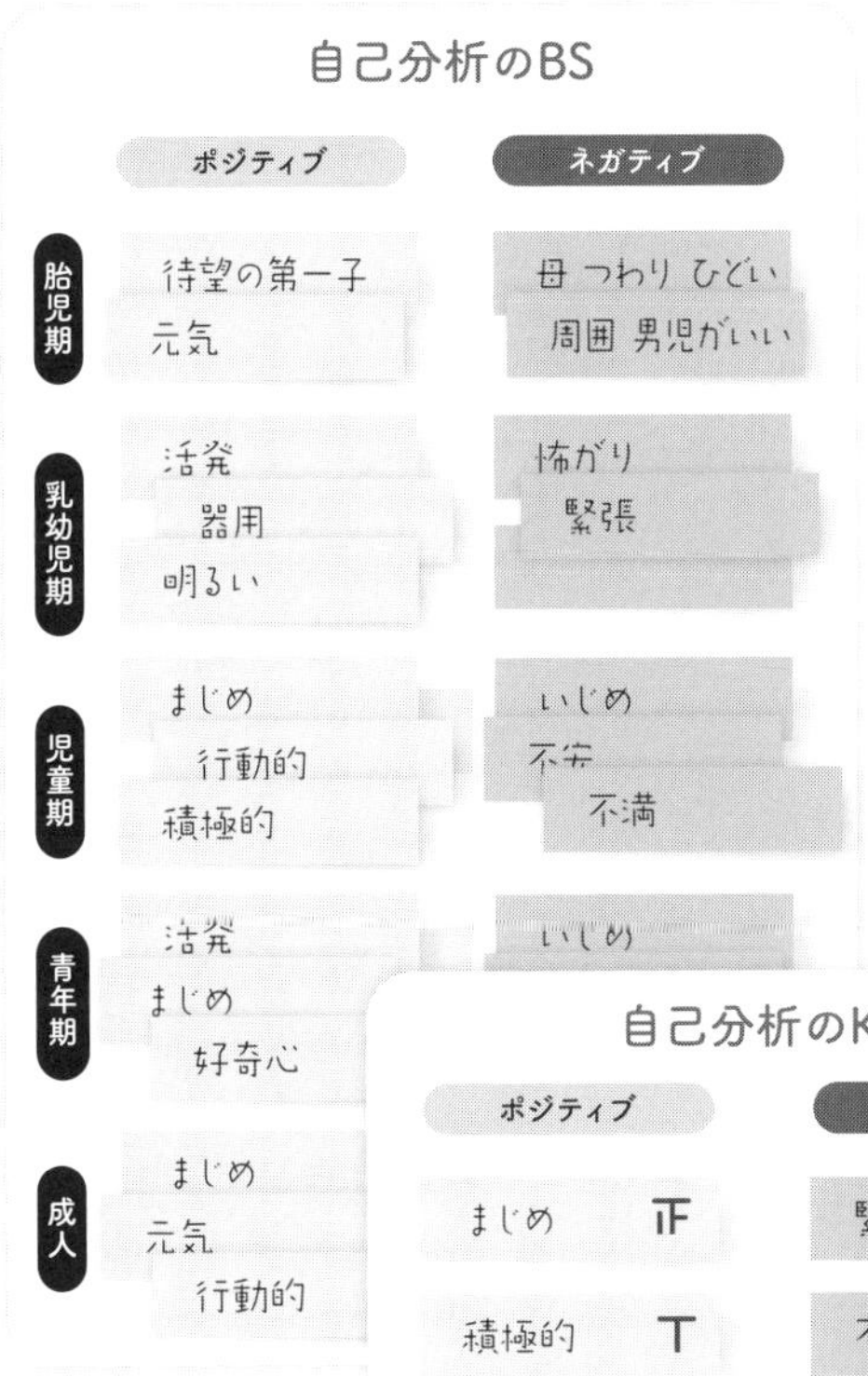
自己分析のBS
ポジティブ
ネガティブ
胎児期
待望の第一子
元気
母 つわり ひどい
周囲 男児がいい
乳幼児期
活発
器用
明るい
怖がり
緊張
児童期
まじめ
行動的
積極的
いじめ
不安
不満
青年期
活発
まじめ
好奇心
いじめ
成人
まじめ
元気
行動的

自己分析のKJ
ポジティブ
ネガティブ
まじめ 正
積極的 丁
活発 丁
行動的 丁
好奇心 一
緊張 正
不安 正
不満 下
あきらめ 下
いじめ 下

- 胎児期
（3カ月～生まれるまで）
- 乳幼児期
（0～5歳まで）
- 児童期
（6～12歳まで）
- 青年期
（13～17歳まで）
- 成人
（18歳～）

れを新しく付箋に書き、ネガティブの列に貼ります。そして、ＢＳの用紙に同じワードが何枚あるかを数え、その合計数を付箋の文字の横に書き加えます。その作業を繰り返し、重複しているものがどれくらいあるかなど整理してみると、今の自分に影響しているポジティブなものやネガティブなものが、一段とはっきりしてくるでしょう。

自己分析のＢＳ・ＫＪ法で、あらためて子どもの頃のさまざまな出来事を思い出すことができます。最初は抽象的にしか思い出せなくても、回数を重ねることで記憶はよみがえってきます。一気にやろうとせず、思い出したら、それを付箋に書き足し、その都度貼り付けてもいいでしょう。集中して時間を決めてやるもよし、ゲーム感覚で気づいたときに書き加えていくもよし、自分に合ったやり方でおこなってみてください。出てきたものが自分のファクトフルネスです。

自己分析のＢＳ・ＫＪ法を実践した感想を紹介します（「意識改革は顕在意識から」講座より）。

●ＯＭさん

不安、緊張、体の不調。それは親からの抑圧、育った環境がそうさせていました。私はそこから抜け出したい。不安、緊張のない自分になりたい。でも、今、ポジティブ意識を書いていて、ネガティブがあったから私はこうしてポジティブも書けるようになったんだと。そしてその先に見えたもの。親は私を苦しめようとしてそうしたのではなく、親の愛情だったんだと。まだ不安、緊張がありますので、その記憶を思い出していきます。そしてポジティブに変えていきます。

●TYさん――――

BS法、KJ法でどんどん書き出しているうちに、書き出したものを見て、私はこんなに我慢していたのかと唖然としてしまいました。我慢して遠慮してその積み重ねが成人してからの対人恐怖、対人緊張にもつながっているのがわかりました。

ネガティブとポジティブに同じ言葉が書かれているところが多々あり、同じ特性はやはりポジティブに活かせる自分になりたいと願います。

Astraea

第3章

自分らしく生きる、自分を知るための処方箋

自分の成育史・成育手記を書く

自分と向き合うには、成育史と成育手記を書いてみるという方法もあります。それは、あなたの育った環境、あなたの歴史を解き明かしていくことになります。

もし、あなたが気持ちの上で何かの壁にぶつかって、思うように前へ進めないとき、今の状況だけが原因ではないかもしれません。同じことで躊躇したり、ミスしたり、決断できなかったりするのは、過去の出来事、潜在意識や潜在記憶の中にその要因がある場合も多いのです。その頃の思いや感情を吐き出し気持ちが解放されていけば、ポジティブ思考は高まり、自然と進むべき方向へと舵が取れるようになるでしょう。気持ちをすっきりさせていくためにも、自らの過去を振り返る成育史と成育手記を書いてみてください。

成育史は、生まれてから現在までの自分の歴史を履歴書のように書き出します。生まれる前のことも聞いていることがあったら書き加えておくといいでしょう。成育手記では、細かな出来事やそのときに感じていたことを、自由に分量も制限せず書いていきます。

どうしても思い出せないことや覚えていないこと、または思い出したくないことなどがあるかもしれません。覚えていることからランダムに書き進めていき、後から自分の年表に沿って整理すればいいのです。書いていくうちに、何が楽しかったか、何が悲しかったか、本音に気づき、涙が出たり、怒りが湧いてきたり、言いたかった言葉が浮かんだりします。日記をつけていた人は読み返してみると、当時の出来事や赤裸々な思いが鮮明になり、忘れていた記憶の手がかりがあるかもしれません。

幼少期や乳児期、妊娠中の様子などを、聞けるようだったら何気なく母親や父親に尋ねてみるといいでしょう。両親以外にも当時を知っている祖父母や叔父、叔母、兄弟、姉妹がいたら、子どもの頃を話題に聞いてみると、知らなかったことがわかることもあります。

過去をうまく思い出せなかったり、言葉でうまくまとめられなかったりするときは、サブコンシャス・コーチングで心の交通整理をしていくのもいいでしょう。

誰かに見せるわけではなく、自分のために書くのですから、一度に完成させようと思わずに、書き直したり、加筆したり自分のペースで進めていけばいいのです。

成育史と成育手記を書く上でのヒントを列記しておきます。

思い出すポイント

●生まれた環境や家庭環境、家族構成はどうだったか
●病気やケガ、事故など大きな出来事はなかったか
●身体的、精神的に影響を受けた大きな出来事があったか

育った環境の衣食住を振り返ってみる

●家族間のコミュニケーションはどうだったか
●食卓風景、食生活はどうだったか
●洋服についての思い出など

学校生活

●教師、先輩や後輩、友人との関係はどうだったか
●勉強、進路のことなど
●部活動や学校行事の思い出など

性格・個性

●興味・関心があるものは何か

●得意なこと、苦手なことは何か
●改善したい点や、夢、願望は何か

成育史・成育手記の事例

●武藤麻子（仮名）――成育史・成育手記――

家族構成…父・母・姉（長女）＊小3まで叔父・叔母と一緒に生活。
他にも小さい頃は、両親の兄弟たちもたくさん住んでいた。

父………小さい頃から些細なことで怒鳴られ萎縮していた。
言ってもわかってもらえない。会話ができない。

母………小さい頃からお行儀のことを細かく指図された。
人前では遠慮しなさいと足をたたかれたり、過干渉で息苦しい。

成育歴	年齢	成育史	成育手記
○○年○月○日	0歳	PM7：19 W2、855g H48・5㎝ 次女として出生	＊名前の由来や生まれたときのことを親に聞いてみた ●麻のように丈夫に育つように、その名前に自信を持って育つようにとつけられた ●父は、次は男の子かなと思っていたが、父自身が同性の兄弟で良かったから、次も女の子でいいと思った
○○年5月		初めて電車に揺られ両親の田舎へ	両家の祖父母が喜んでくれたそう
○○年11月	3歳	七五三。母手作りのベルベットの洋服で写真を撮る	
○○年4月		幼稚園入園 4歳頃からオルガンを習い始める。	オルガンの練習は大変だった

〇〇年	5歳	音楽教室でオルガンの発表会	あまり記憶にない
〇〇年3月	6歳	幼稚園卒業	
〇〇年4月		小学校入学	隣の席の男の子の名前を覚えられず、父から「どうして覚えられないんだー!!」と怒られていた
〇〇年夏		●父が椎間板ヘルニアで2~3カ月入院 ●叔父さんの自転車の後ろに乗り足を車輪に入れケガをした ●友達と一緒にラーメン作ってスープが手にかかって火傷	ケガや火傷をしたことに父からこっぴどく怒られた。父は「(父が)入院している時にお母さんが大変になるじゃないかー」と自分のヘルニアが大変なことばかり話し、私の体を心配することはなかった

○○年	10歳	好き嫌いが多く、栄養失調になる	食事中に父の愚痴がとまらず楽しくなかったから、ご飯もおいしく感じられなくなっていたと思う。何か癇に障ると爆発する父だった
○○年	11歳	小学5、6年担任(女)から信用されず、クラスでいじめにあう	●机の上に置いていた教材が、朝礼のあとなくなっていたので先生に言うと、「忘れたんでしょ!ないんだから、そんな嘘ついちゃダメでしょ」と怒られた ●クラスの子からあからさまに無視されたり、配布される用紙を回してくれなかったりした。先生は気づいているはずなのに、何もしてくれなかった。そのくせ、裁縫が上手な私の母に自分の服の裾上げなど頼み事をして、利用しているのがすごく腹がたった ●母に先生が信用してくれないことやいじめのことも言ったが、ただ聞くだけで何も対策はしてくれなかった *のちに友人から、当時の私は暗い雰囲気で友達になれないと思ったと言われた
○○年	12歳	小学校卒業	感情は動かず、淡々と卒業式を迎えた

○○年	12歳	中学校入学 テニス部に入部	土曜のテニス練習日に母が作ってくれるのり弁が嬉しかった。練習が苦しくて大変でも、皆でお弁当を食べるのが楽しく部活を3年間続けられた
○○年	14歳	情緒不安定な時期だった 家の立て直しがあった 家族で富士山や八ヶ岳に登った	●新しいクラスに馴染めず、孤独で寂しくてたまらなかった。部活で何とか気分転換できていた ●軽い反抗期で、家では母に何か頼まれても「嫌だ」と連呼していたが、旅行などは家族で行っていた ●富士登山は父の調子が途中で悪くなり8合目まで ●八ヶ岳では雷に打たれそうになり、父がとても焦っていたが、私は父の方が怖くて、雷に恐怖は感じなかった
○○年	15歳	中学校卒業	クラスに馴染めないまま感情は動かず、淡々と卒業式を迎えた
○○年		推薦入試で高等学校入学。バトン部に入部 のちに書道部に入部	女子高で楽しかった。充実した学生生活だった バトン部は練習があまりにもきつくて辞め、書道部は楽しく続けた

○○年	18歳	高等学校卒業	卒業式、泣いた。感無量だった
○○年		△△短期大学入学	父から「絶対短大以上のところへ行け」と言われ、特にやりたいこともなく、言われるがまま進路を決めた。父は厳しかったが、そのレールに乗るのも楽だった
○○年	20歳	成人式	姉のおさがりの着物を着る。好きな柄で嬉しい反面、いつも姉は新しいものを買ってもらい、私はお古だという不満を持っていた
		△△短期大学卒業	保育士の免許をとれればいいと安易な気持ちだった。実習が厳しかったが、知り合った人がいい人で充実していた
		●●簿記学校入学	父から、就職するには資格が足りないと、簿記や会計の学校へ行かされる
○○年	21歳	●●簿記学校卒業	この頃、恋愛をきっかけに精神的にとてもつらい出来事を経験する

○○年	21歳	◎◎会計学校入学	
○○年	22歳	◎◎会計学校卒業	
○○年	23歳	□□□□□入社	●この頃から、私が私でなくなった。社会人になってからだんだんストレスを感じ、イライラし始めた ●人のカバンが当たる、ハイヒールの音、イヤホンからの音漏れ、香水の匂いなどに敏感に反応し、イライラ・カリカリしていた ●週末、予定がない時は、疲れ果てて寝ていた
○○年	30歳	一人暮らしを始める	一人暮らしを始めて両親の干渉から解放されたが、体調を崩しがちだった
○○年	31歳		精神的な安心を求めて、いろいろなところに行ったが効果がなく、髪の毛がごっそり抜け怖くなり、アストライアでカウンセリングを受けた
○○年	34歳	結婚	

成育史・成育手記を書いての感想

最初、成育手記を書いてみて、私が萎縮していたのは、育った環境の中で、父の威圧感があったからだとわかった。しばらくして実家を訪ね、心に引っ掛かっていたことなどを思い切って父に言ってみた。そこから父といろいろ素直に話せて、親子団欒ができた。父が怖くて実家に寄り付くことがなかったのに。こうなれて嬉しかった。私の場合、成育手記を書くだけでなく、サブコンシャス・コーチングや癒しのプログラムを受けたことで、だんだんと潜在意識の影響がこんな形であらわれるのかと感じていけたのだと思う。

その後も、成育手記を加筆し、あらためて書き直してみると、最初書いたときとはまた違う深いものを感じ始めた。父からの抑圧があまりに強く、そこにばかり目がいって、母と姉を美化していたことに気づいた。実は母や姉に対しての不満と怒り、わだかまりがあった。母の過剰なまでの干渉や、常に見張られている感じがあったこと。両親に対する認識が姉とはかなり違うこと。姉はミニチュア版の母みたいだったこと。小さい頃、どう感じ、思っていたかなんて考えたこともなかった。親が敷いたレールに乗って自分で深く考えないようにしてきたんだと。

こんなにも感情を押し殺して、すました顔をして、よく生きてきたなと思う。それまで大きな病気はなかったが、気力・自信・勇気も持てず、異常に緊張・自信喪失・逃げ・自己嫌悪・諦め・三日坊主・体が重い・他力本願・意地・鬱気味になっていった。でも、自分がそのとき何を言いたかったのかに目を向け、我慢していた思いを吐き出していけば、自分らしく生きていけると知った。

他力本願・逃げ・意地を張る自分にも気づき、苦しさにもがくこともあったが、今、諦めずにやり続けてきたことで本来の自分を取り戻している。変わってきたというより、本来の自分に近づいてきていると心から思う。

潜在意識の5W1H

成育史と成育手記をまとめてみると、育った環境での自分の心の動きが見て取れます。その中で自分の目に留まった言葉や普段から気にしている言葉があれば、それをキーワードに始める「潜在意識の5W1H」にトライしてみるのもいいでしょう。

5W1Hは、もともと企業のQC（品質管理）活動で、業務改善や社員の意識向上に使用されているもので、これを心の深層を探るツールとして応用したものが、潜在意識の5W1Hです。

まず、単語でも短い文でも情景でも、自分の心を整理する鍵となるものをひとつ選びます。それを中心に、誰が（Who）、いつ（When）、どこで（Where）、何を（What）、なぜ・どんな目的で（Why）、どうやって（How）の5W1Hに当てはめて考え、書き出していきます。あまり気負わず、ゲーム感覚でおこなってみてもいいのです。夢や希望、今からやってみたいことなどをテーマにしてもいいですし、心の引っ掛かりや気になることからでもいいでしょう。

例えば、漠然とした不安感をキーワードにして5W1Hの項目を思いつくまま埋めていくと、そのきっかけにたどり着いたり、次のキーワードが見つかったりします。キーワードはさまざまあるので、一つひとつをテーマに実践していくと要領をつかみ、自己分析や心の整理がしやすくなるでしょう。

5W1Hの事例

●Yさん――潜在意識の5W1Hの感想――

潜在意識の5W1Hをやってみるとよい……と聞いても、当初は「ふ～ん、そうなんだ。やってみようかな～」と思っても実際やってみるに至るのは何年か経ってからだった。今思うと、他人事のように自分のことも漠然と考えていた。「とりあえずやってみよう。でもこんなことで変わることができるのか？」と半信半疑でもあった。

やり始めたときは頭で考えて書くことが多かったが、かっこつけず、決めつけず、自由に思ったまま書くことで、忘れていた自分の気持ちが溢れてきた。書きながらも「こんなんでいいのかなぁ?」と思いつつ書き進めていくうちに「あぁ～そうだったなぁ。忘れてたけど抑えてたんだ! つくっている自分がいて感じないようにしてたんだ!!」と気づきが増えた。

潜在意識の5W1Hをやって変わったと思うこと

- 自分の嫌いなところも認めるようになった
- 自分に素直になってきた
- 自我を出せるようになった
- 集中力がついてきた
- 人と自分の境界線がはっきりしてきた
- 自分を大事にしようと思うことが増えた
- つくっている自分に気づいた

Yさんの事例

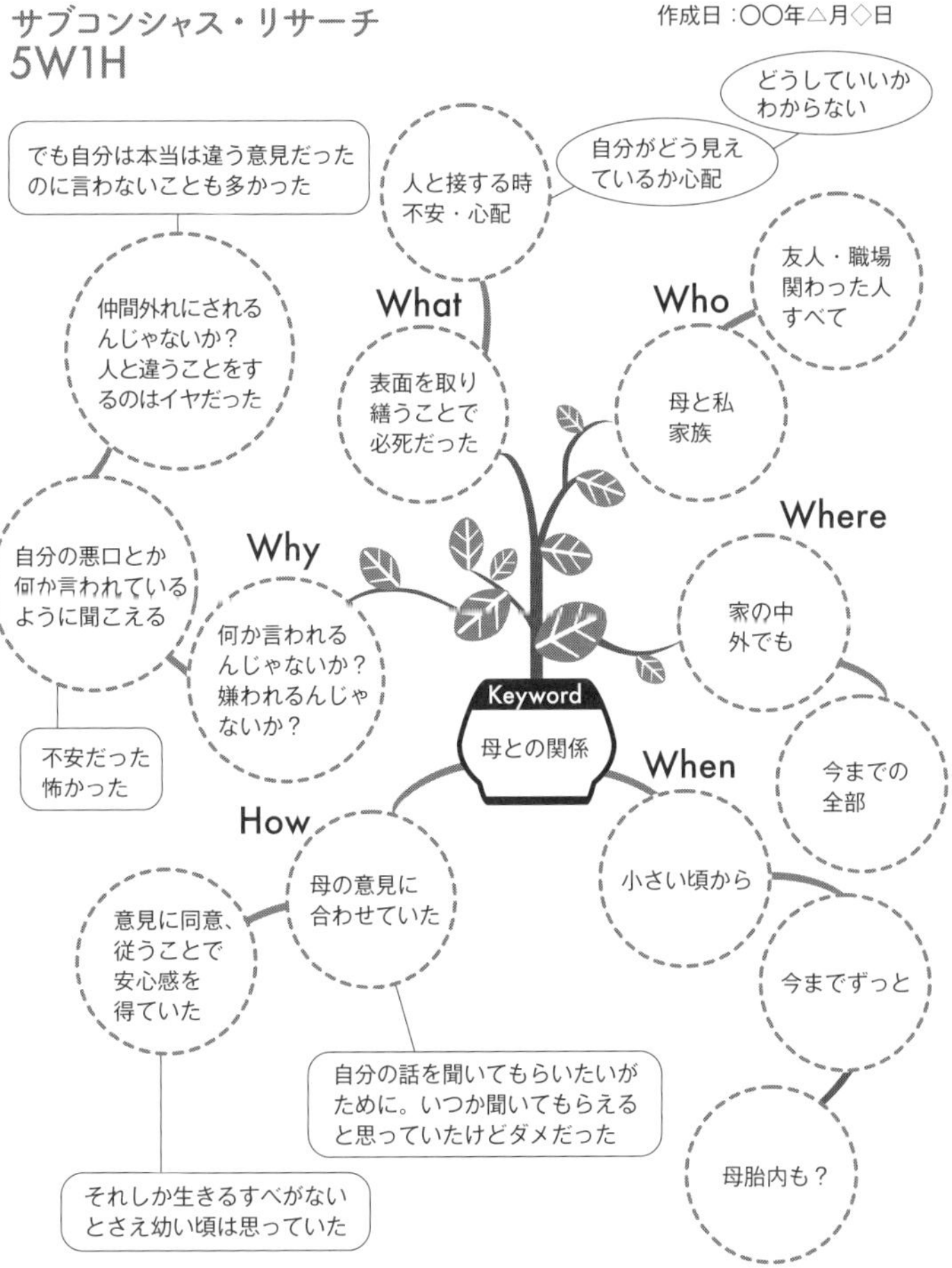

サブコンシャス・リサーチ
5W1H
作成日：〇〇年△月◇日
Keyword
母との関係
What
表面を取り繕うことで必死だった
人と接する時不安・心配
自分がどう見えているか心配
どうしていいかわからない
Who
母と私家族
友人・職場関わった人すべて
Where
家の中外でも
今までの全部
When
小さい頃から
今までずっと
母胎内も？
Why
何か言われるんじゃないか？嫌われるんじゃないか？
自分の悪口とか何か言われているように聞こえる
不安だった怖かった
仲間外れにされるんじゃないか？人と違うことをするのはイヤだった
でも自分は本当は違う意見だったのに言わないことも多かった
How
母の意見に合わせていた
自分の話を聞いてもらいたいがために。いつか聞いてもらえると思っていたけどダメだった
意見に同意、従うことで安心感を得ていた
それしか生きるすべがないとさえ幼い頃は思っていた

＊子供の頃は、母に共感してほしかった。自我を出せていなかった。コミュニケーション不足だった。人と違うことは当たり前なんだとわかってきた。気づいてからは、前よりも母に自分の思いを言えることが増えて、スッキリしてきている。

●自分のことも人のことも決めつけなくなった
●自分の思考や行動を抑えつけなくなった
●客観的に自分を見られるようになった

今までは、排他的だったり打算的だったりいろんな自分を生きてきた。人のことばかり考えて、うまくいかないときは人のせいにして……でもそれは自分から逃げていたせいだとわかるようになった。潜在意識の5W1Hで自分の気持ちと向き合うことは、自分を知るために必要だし自己分析に役立っている。なにより「大好きな自分へ戻ろう！」という思いが湧いてきたことが一番嬉しい!!

自分を心象画で表現する

自分の気持ちや感情を文字ではなく、絵を描いて表現する心象画があります。

幼い頃や児童期に体験したこと、見たこと、夢の中でのことなど、心に残っていることを絵に描き出してみます。今のことでも構いません。学校でのこと、職場でのこと、家族や友人、同僚や上司など身近な人々との人間関係で感じたこと、喜び、嬉しさ、楽しさ、悲しみ、怒り、辛さなど、さまざまな思いを自由に表現します。

描いた絵で表現しきれない部分は、文字を書き入れても構いません。形式にこだわらず、心の中を表現していきます。

また、夢には、楽しいものもあれば、そうでないものもあります。いつも気にしていることや心のわだかまり、自分では自覚していない思いや潜在意識が影響している場合もあると考えます。夢を書き留めておき、それを基に夢・心象画として描いてみるのもいいでしょう。

描くことで、ストレス解消になることもあれば、さらに深く記憶がよみがえってくることもあります。絵という形で表現してみることで心の深層に触れ、気づきや自己分析、心の癒しと修復の助けにもなるでしょう。

心象画の事例

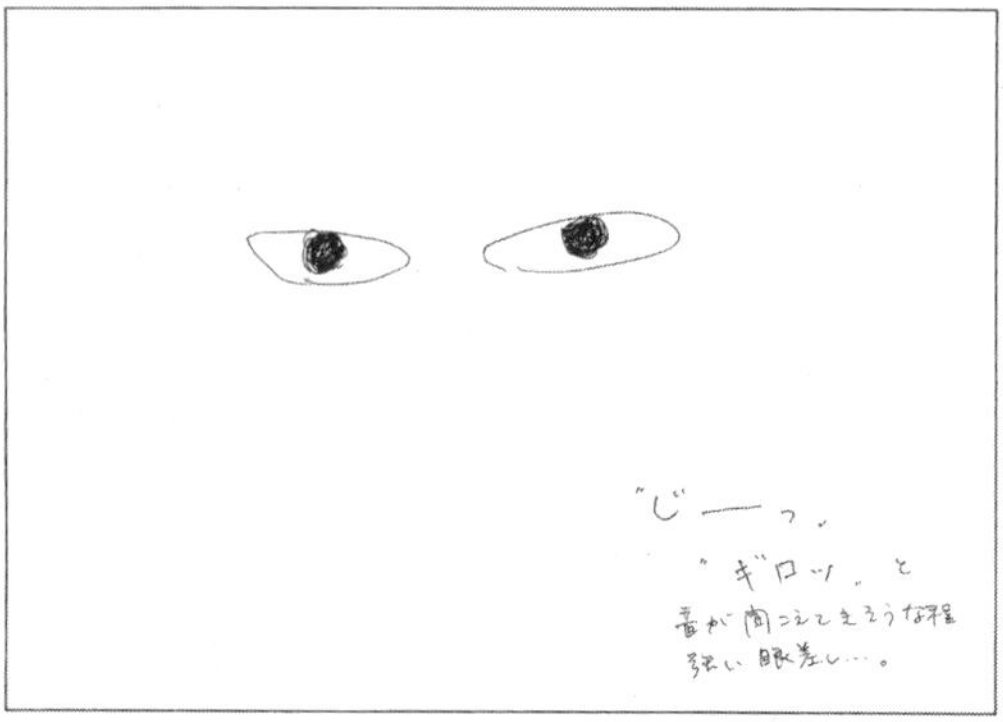

●ＳＹさん

３歳くらいから感じている母の眼。

怖い時、怒られた時、ぶたれた時。憎しみを持っているような眼……。

私は心底「ドキッ！」「ゾクッ！」として心臓が止まるような、怯えとショックを感じていた。いまだに怖い時があって、母の眼を見ないように努めていることもある。

母自身も、「何か腹の底からこみあげてくる怒りがグワーッとある」ということを言っていた。

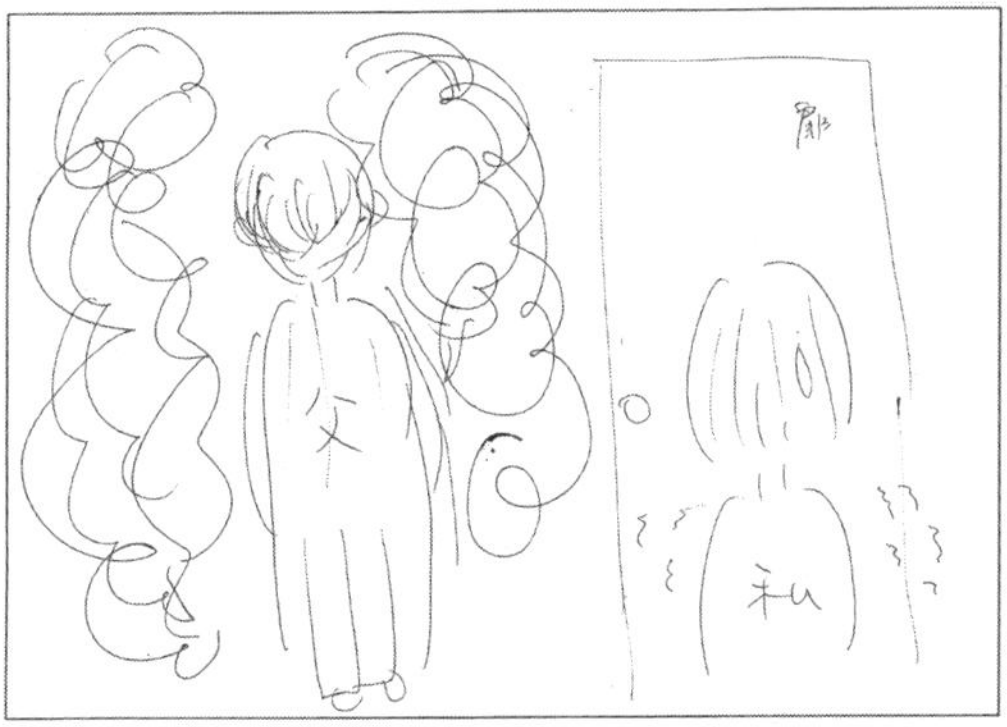

●SYさん

高校生の頃から感じる父に対しての印象は色にたとえるとグレー色！　父の部屋をノックして開けると、そこに父は立っていたり机に向かって座っていたりした。なぜか、父から暗いオーラ（グレー色）が出ているような、怖いような寒いような見たくない！　という気持ちにさせられてしまうものを感じた。父に朝「おはよう！」と私から勇気を出して言ってみても、明るく返事が返ってくることはほとんどなかった。片方の耳が悪く聞こえづらいのかもしれないが、すごく悲しいことだった。心がこちらへ向いてくれていない感覚。どうしたんだろう……と心配だった。

夢・心象画の事例

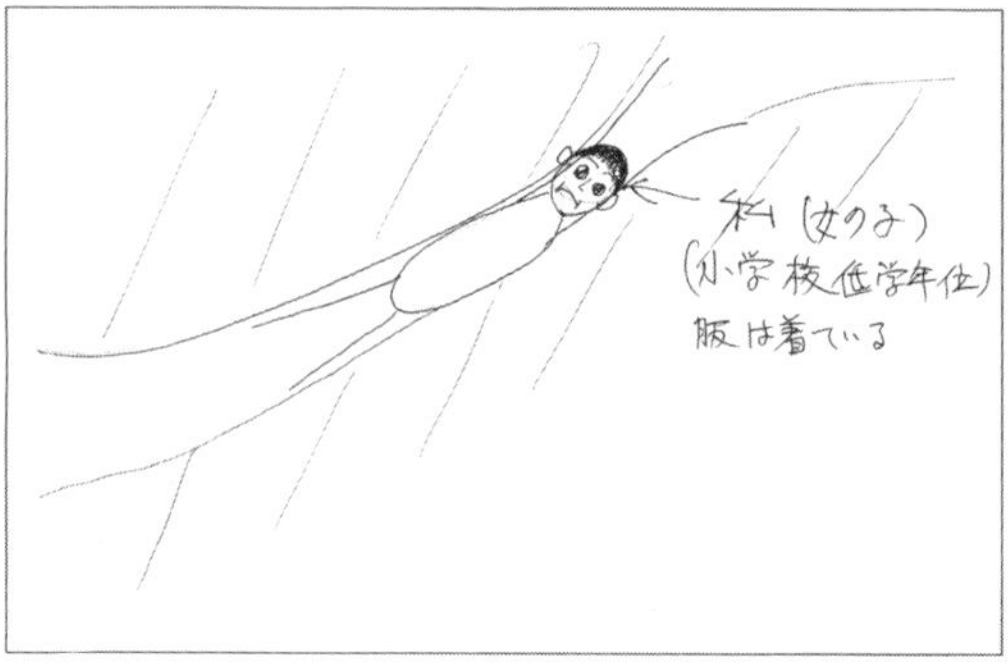

●ＨＩさん

子供の時から見る夢。

どこかの家の中で2階（目的地）に行くのにとても変な天井裏か木でできたすき間のような所をしゃにむに通り抜けようとしている。とても狭くてきゅうくつでどうやって出られたか考えられないような所を、とにかく必死で何とかして出ようとしている意志だけは感じられる。出産時の産道を表しているのではないか、と思う。

●OMさん

階段おりるのが怖い夢。

子供の時に階段から落ちたことがあると聞いていたので、その時の恐怖が夢に出てくるのかしらと思っていました。この夢を思いだしながら描いていたら胸が苦しくイライラしてきました。階段の上に恐そうに見ている私が居ます。

食生活日記をつける

育った環境を考えるとき、食生活からも自分と向き合う方法があります。

子どもの頃に何を食べて育ったかを振り返ってみてもいいでしょう。お味噌汁ひとつとっても、各地方、各家庭で味は違うものです。郷土料理や家庭の味は、大人になった今でも元気が出るソウルフードと呼べるものもあるでしょう。

食事は栄養面だけでなく、それを食べた思い出とともに心と深くつながっています。家族で食卓を囲むとき、一家団欒の楽しい思い出がある人もいれば、両親が仕事で忙しく、一人で食事をすることが多かったという人もいます。食事中に喧嘩が始まるので怖かった、お母さんが台所に入りっぱなしで、一緒に食べられず寂しかった、など食事に対するネガティブな思い出は、食への関心を妨げることもあるようです。

ストレスがあると、どうしても食生活のリズムが狂いがちで、過食や偏食に気づいたときには心身の不調が慢性化している……なんてこともあるかもしれません。しかしそれに気づいたその瞬間から食生活を意識していくことができます。出来合いのお惣菜でも何かひと工夫してみるとか、自分なりの食べ方を探してみるのもいいでしょう。試しに食生活日記をつけてみると、自分の食の傾向や食改善のヒントの目安になります。

また、ヨガ、瞑想、呼吸法をしていくと五感が研ぎ澄まされ、自然と何が必要か感覚的にわかるようになってくるものです。ヨガの後の食事は、いつも以上に食材そのものの美味しさを感じたり、薄味でも充分に満足したり、味覚に変化を感じる人もいます。

今は食についての情報も溢れていますが、体質や体調は人それぞれですから、自分に合っているかどうかを考えて選ぶことも大切です。知識だけに頼らず、自分の心と体に問いかけながら、体調管理をしていくといいでしょう。

食生活日記の事例

●Hさん──食生活日記とその感想──

食生活日記を書いてみて「何を食べているか」をより意識するようになりました。最初は少し面倒だと思いましたが、自分自身の食生活を客観的に見ることができ、だんだん楽しくなっていきました。

コロナ禍で完全在宅勤務となり1年近くが過ぎ、毎日の食事が大切な元気の源になっています。毎食おいしく食べたいので、間食は控えめに、チョコレートなら一粒ぐらいにしています。通勤がなく運動量も減っているためか、食べ過ぎると内臓が疲れ体調を崩しがちなので、消化しやすく栄養のあるものをとるように心がけています。また貧血気味のため、鉄分はもちろんのこと、体を元気に保てるようにタンパク質とビタミンCを多めに、便秘にならないよう食物繊維をとる、などを意識しています。

運動を記録することで、以前よりも忘れずに定期的にできるようになりました。体の調子が良くなるのを実感し、日々のルーティンとして運動を続けています。

1年半前と比較すると、決まった時間に食事もでき、内容も随分と健康的になっているのを知り、興味深く貴重な記録だと思います。

食生活日記

2019年6月

曜	月	火	水	土	日
日	24	25	26	29	30
朝食	クルミ入り ライ麦パン （バター、はちみつ） ヨーグルト （ブルーベリージャム） すもも ほうじ茶（豆乳） ミルクティー	クルミ入り ライ麦パン （バター、はちみつ） ヨーグルト （梅ジャム） すもも ほうじ茶（豆乳） ミルクティー	シリアル （ナッツ、ドライフルーツ） ＋豆乳 ほうじ茶（豆乳） ミルクティー	ホットケーキ （豆乳） ジャム、バター ミルクティー	シリアル （ナッツ、レーズン） ＋豆乳 キウイ ＋ヨーグルト ほうじ茶
	8：30	7：40	7：30	9：30	9：30
昼食	外食 ほっけ定食 雑穀米 麦味噌汁 わかめ、ひじき なす、青菜煮 アイスクリーム わらびもち	外食 出汁茶漬け めんたいこ 高菜 冷ややっこ （ごまダレ） ひじき煮物 漬物	外食 インドカレー ビュッフェ 豆、野菜カレー ごはん、ナン 副菜 （サラダ、ほか） デザート数種	ポテトチーズ焼き トマト じゃがいも （たまご しそ、チーズ	蕎麦 大根おろし ネギ、ゴマ 納豆 ピーマン焼き （生姜醤油） ツナ、お芋
	13：00	12：30	13：00	12：30	12：30
夕食	外食 ビール、日本酒 ジンジャエール 刺身、天ぷら 枝豆 串焼き ぎんなん エリンギ	外食／立食 ハイボール ウーロン茶 フライドポテト サラダ ごはん キムチ、ナムル チョコレートムース	×	雑炊 味噌、ネギ、 かつおぶし、 大根、豆 お茶	雑炊 味噌、ネギ、 かつおぶし 大根、豆、 豆腐、たまご トマトサラダ おまんじゅう お茶
	19：00	19：30		19：00	19：30
間食	AM カフェラテ	AM ココア 紅茶 PM アイスカフェラテ		オレンジジュース 焼きドーナツ ミルク お茶	緑茶 サツマイモチップ お茶
運動	朝7:30 スリヤ・ナマス カーラ・アーサナ 2set	朝7:30 ヨガ体操 スリヤ・ナマス カーラ・アーサナ 2set	朝7:15 ヨガ体操 スリヤ・ナマス カーラ・アーサナ 2set	朝 スリヤ・ナマス カーラ・アーサナ	朝 ヨガ体操 スリヤ・ナマス カーラ・アーサナ 他アーサナ2種
その他	AM ヨガ体操 ヨガストレッチ ヨガアーサナ			ウォーキング 30分	ウォーキング 30分 体操 （You Tube）
備考	※海外から上司が来日し、会食が続いた1週間だった				

食生活日記

2021年2月

曜	月	火	水	土	日
日	1	2	3	6	7
朝食	チャイ (牛乳・豆乳) さつまいも りんご	三年番茶 ホットオートミール (くるみ、レーズン、バナナ) 牛乳	ミルクティー ホットオートミール (きなこ、くるみ、レーズン) 牛乳 りんご	ほうじ茶 ミルクティー さつまいも/バター ヨーグルト (マーマレード)	×
	8:30	8:30	8:30	8:15	
昼食	カレー、雑穀米 コールスロー キャベツ、パセリ ツナ みかん ハト麦茶	恵方巻(手作り) 雑穀米、玉子 人参きんぴら かいわれ大根 中華スープ みかん ハト麦茶	味噌雑炊 雑穀米 玉子、キムチ コールスロー パセリ、ツナ りんご 健康茶	サラダ トマト、チーズ セロリ、キャベツ パスタアラビアータ ジェノベーゼ ポテト、エビ アボカド カフェオレ ティラミスプリン	玄米 中華スープ ぶり照り焼き ブロッコリー ミニトマト ハト麦茶 お菓子
	12:30	13:00	12:30	12:30	12:30
夕食	玄米 中華スープ 豆腐、湯葉 野菜、きのこ 白菜の鰹節和え ピーナッツ ハト麦茶	恵方巻(手作り) 味噌汁 煮干し、大根 油揚げ、ねぎ コールスロー たくあん きんかん煮 ハト麦茶	雑穀米 白菜塩昆布 鯖缶野菜炒め 人参、ネギ 生姜など たくあん みかん ピーナッツ 健康茶	玄米 中華スープ 豆腐、野菜 ぶり照り焼き ハト麦茶	玄米小豆ご飯 味噌汁 油揚げ、ねぎ、カブ、きのこ サラダ ブロッコリー、レタス、ツナ、カイワレ大根 キムチ、たくあん みかん、ハト麦茶
	20:00	20:30	20:00	19:30	20:00
間食	コーヒー 焼き菓子 チョコレート せんべい	AM ミルクティー チョコレート PM コーヒー、焼き菓子 カシューナッツ	AM コーヒー クッキー PM 紅茶 with ミルク 焼き菓子、小豆	AM 抹茶ミルクティー PM ミルクティー みかん、和菓子	ルイボス茶 小魚ナッツ ざぼん ビスケット 和菓子
運動	ラジオ体操1 スリヤ・ナマス カーラ・アーサナ 3set ラジオ体操2 ヨガストレッチ	ラジオ体操1 スリヤ・ナマス カーラ・アーサナ 3set ラジオ体操2 ヨガストレッチ	ラジオ体操1 スリヤ・ナマス カーラ・アーサナ 3set ラジオ体操2 ヨガストレッチ	ストレッチなど	スリヤ・ナマス カーラ・アーサナ ハタヨガ・瞑想
その他	レッグレイズ×50 ウォーキング (昼食後・夜各15分) 筋膜リリース	レッグレイズ×50 ヨガアーサナ 筋膜リリース	ウォーキング (昼食後 15分) 筋膜リリース	筋膜リリース	ストレッチ 筋膜リリース
備考	※リモートワーク	節分			

自分への大切な言葉をマントラにして書く

マントラとはサンスクリット語で言葉を意味していますが、ここでは難しく考えず、心を整えていく方法のひとつと捉えています。自分に合ったポジティブな言葉を「自分との約束」としてノートに書いたり、声に出したりすることを繰り返していくものですから、誰でも気軽にチャレンジできます。

まず、今の自分に必要な言葉は？　と思い浮かべてみましょう。長い文章ではなく、「自信」「勇気」など、できるだけシンプルな言葉を選ぶと、無理なく続けられます。なかなか言葉が見つからないときは、気持ちがゆっくりとリラックスした状態をつくることから始めるといいでしょう。

好きな音楽を聴いたり、部屋の明かりを少し落として静かな環境に身を置いたり、自分なりの方法で心と体を緩めます。その時間を持つだけでも心のゆとりが生まれます。どうしても雑念ばかりが湧いてくるときは、思い切って先にネガティブな感情でも文句でも思い浮かぶ言葉を書き出し、心のもやもやを吐き出します。

読み返す必要はないので、書いた紙は細かく破って捨ててもかまいません。気持ちが落ち着いたら、あらためて自分のための言葉を選んでいきます。誰かに見せたり聞かせたりするものではなく、自分への大切な言葉をマントラにします。

ノートに書く場合は、マントラ専用とし、関係のないメモなど、ほかのことは書き込まないようにします。

マントラとして選んだ言葉は、ころころ変えません。毎日続けられることを目安に、決めた言葉を決めた行数で、毎日同じ分量で書いていきます。その日の気分で多く書いたり、少なく書いたりせず、気持ちを静かに集中して、丁寧に書きます。書けなかった日は、できればその理由も添えて書けなかったと記録しておきます。

声に出しておこなう場合も、何回繰り返し声に出すかを決めます。声に出すマントラは自分の目標でもいいですが、あれもこれもと欲張らないことです。語順を変えず、一言一句を決めた通りに言います。毎日同じ時間に、息を整えてから、はっきりと声に出します。

9月10日 勇気 勇気
9月11日 勇気 勇気
9月12日 勇気 勇気
9月13日 勇気 勇気
9月14日 勇気 勇気

周囲を驚かせないように一人でいるときにおこないましょう。どうしても声に出すのが難しい場合は、心の中で唱える方法もあります。

ノートに書くか、声に出すか、心の中で唱えるかのどれかを選んでもいいですし、組み合わせてもいいでしょう。大切なのは、自分との約束として一貫性を持って続けることです。マントラに選んだポジティブな言葉は、自分の心身を活性化してくれるものでもあります。自分で自分を元気づけ、励まし、ポジティブな意識を高めるマントラを継続することで、やる気が持続しやすくなったり、落ち込むことが減ったりと少しずつ変化が出てきます。

途中、面倒になったり、飽きたり、嫌になることもあるかもしれません。気持ちが乱れていれば、書き方はいい加減になり、丁寧に声を出せなくなります。しかしそれに気づいたら気持ちを仕切りなおし改めていくことはできます。

自分との約束・自分へのマントラの継続的な取り組みは、何かほかのことにチャレンジするときの諦めない姿勢や意欲にも反映されていくでしょう。

マントラに取り組んでいる人の声――

Sさん

マントラを続けてみて感じることの一番は、心が落ち着くことです。寝る前に書いていますが、どうしても書けなかったときは、その分も次の日に書いています。私の場合、そのほうが自分との約束という気持ちが持続するように感じます。

Kさん

マントラを書いていくと胸のあたりのザワつきが落ち着きやすいです。書いているうちに、マントラの言葉が心にグッとくるときがあります。ただ言葉だけが流れていく感じのときもありますが、それでも続けて書いていて良かったなと感じる結果が出てきています。

ここまで事例を交えて紹介してきた自分と向き合う方法は、自己分析を深めるきっかけとなるはずです。どれかひとつにチャレンジしてもいいですし、順に取り組んでみてもいいでしょう。次の章では、さらに深く自分の内面と向き合う方法「瞑想」について話を進めていきます。

第4章

体と心（魂・精神）の調和と「サブコンシャスメソッド」

ヨガ・瞑想・呼吸法がストレスを軽減しリラックスをもたらす

瞑想は、静かに目を閉じ、呼吸を整え、外に向いていた意識を自己の内面へ向け、心の声を聴くことです。今の自分のありのままの状態を知ることでもあります。

現代では本や動画などで、ヨガや瞑想をしているという人も増えています。これまでも瞑想のブームが幾度となく訪れましたが、「(流行っているから)やってみたわ」「人と違う高次なことをしている」と形だけファッション的に捉えたまま終わる人がいるのは、少し残念な気がしていました。一過性でなく、生活の一部として瞑想の習慣が浸透していけば、日々のストレス予防や心の安定に大いに役立つと考えます。

ヨガや瞑想は身近な心身の健康法としてクローズアップされています。しかし、皆が皆、同じようにすれば同じだけ効果があるというわけではありません。心身の状態は一人ひとり違うからです。やり方を間違うとかえって健康を損なう恐れもあります。

何についてもいえることですが、無理せずにやりすぎないことです。無理していないか？　やりすぎていないか？　と自分自身に問いかけ、今の心身の状態を見つめていくことがヨガと瞑想なのです。

社員のメンタルヘルスケアの一環としてIT企業などで、瞑想が盛んに取り入れられています。ジョン・カバットジン博士が考案したマインドフルネス瞑想法は、著書『生命力がよみがえる瞑想健康法』（実務教育出版）によると〝注意を集中する方法〟あるいは、〝意識を呼び起こす方法〟といった意味があるそうです。

どのような瞑想であれ続けることによって、テクノストレス予防やリラックス効果を感じている人は多いと思います。瞑想までいかずとも、ただ目を閉じて数分間、腹式呼吸（横隔膜を使っておこなう呼吸）をするだけでも気分がスッキリし、いいアイデアが浮かびやすくなり、落ち着いて次の作業に集中できるでしょう。

瞑想のメリットは、ストレスが軽減しリラックス状態を得ることです。疲労回復に役立

腹式呼吸

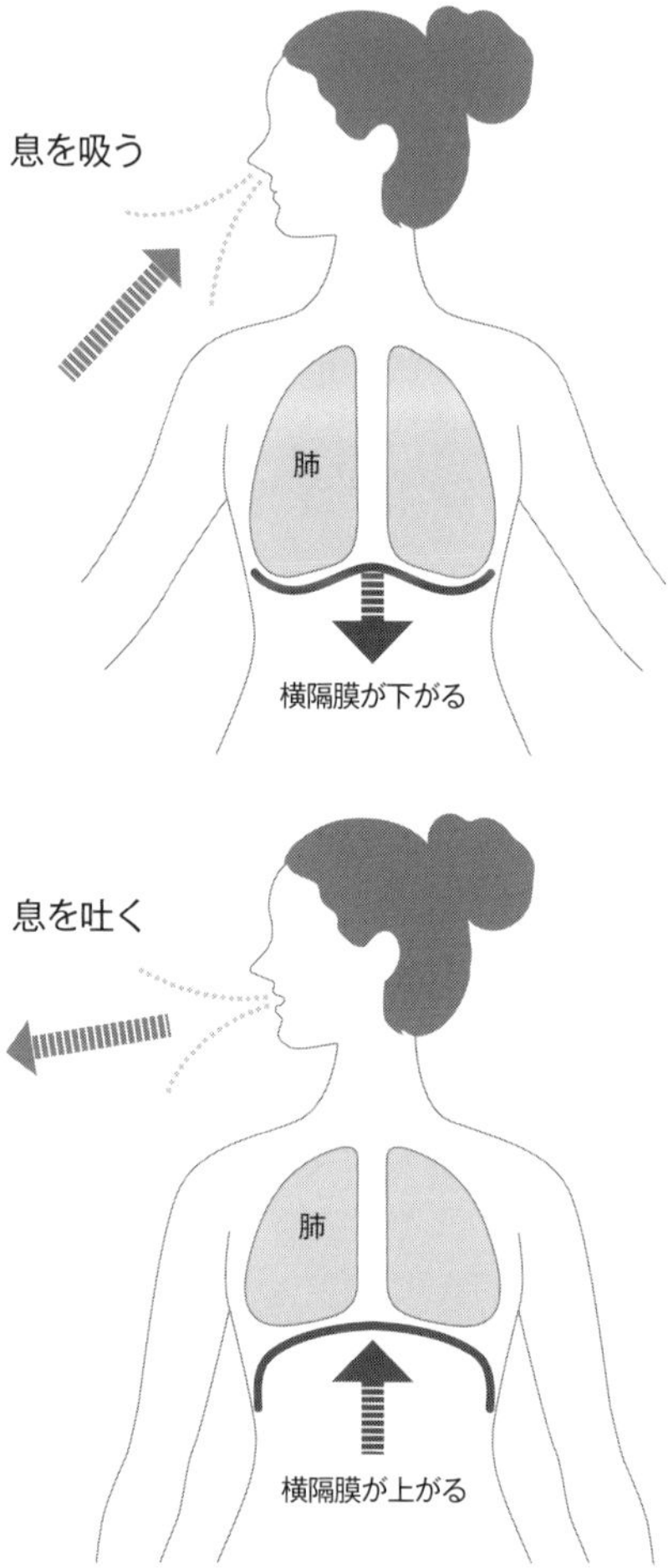
息を吸う
肺
横隔膜が下がる
息を吐く
肺
横隔膜が上がる

ち心にゆとりが生まれ、集中力がアップし、感情のコントロールも徐々にできるようになってきます。洞察力や直感力も磨かれるでしょう。それらは急にできることではなく、日々少しずつでも瞑想する時間を持ち、継続していくことで実感できるものです。

ただ、人によっては一時的にスッキリしても、すぐに漠然とした不安やイライラ、もんもん……と、心のわだかまりが消えない感覚が続く場合があります。それは、この本のテーマでもある「生まれ育った環境」、心の奥にある潜在記憶や感情が表出し始めた状態であるかもしれません。それらを解明し、ほんとうの自分と出会うための癒しと修復のメソッドがあるわけですが、それはもう少し後で説明していきましょう。

『脳と瞑想』(サンガ新書、2016年)の中で、最先端脳外科医である篠浦伸禎先生が次のように言っていました。

「私は職業柄、脳をよりよく使えるようになるにはどうすればいいのか、ということをずっと考えてきました。そのひとつの方法として、瞑想はきわめて優れた方法ですし、それは脳科学的にもほぼ間違いのない話だと思っています。」

「瞑想もただやればよいというのではなく、現実の人生をよりよくしていくための瞑想でなくては、ということですよね。（中略）瞑想をやることで、あの世ではなく現実社会をちゃんと生きていくことができるような。（後略）」

「瞑想は、脳科学的にはもともと右脳を活性化していくものだと報告されています。右脳は集中力と関係するので、瞑想をすると集中力が増すというのは、おそらくそのせいですね。その一方で、自我の領域も活性化するという報告もあります。自我が活性化するということは、おそらく左脳の活性化にもいいのではないかと自分では思っています。（中略）瞑想をやりだして気づいたことは、集中力だけではなく、判断力、智慧もレベルアップしたと感じるからです。」

脳科学的に、気づきの瞑想はきわめて優れた方法と断言されていることに共感します。

キラーストレスのメカニズムは、脳科学や生理学の最先端の研究によって明らかにされてきました。ストレス反応は、脳の扁桃体が不安や恐怖を感じることによって始まるわけですから、キラーストレス予防にも瞑想はかなり有効なものであるといえます。
私は、ヒューマンエラー防止にも瞑想が役立つと考えています。さまざまな分野のデジタル化が進んでも、その開発に携わるのは人で、それを使うのもまた人なのです。ヒューマンエラーの抑制には、各人が仕事への注意力と同時に心にゆとりを持つこと。正しく瞑想を継続すれば、万人に心のゆとりを与えてくれるでしょう。

瞑想は「無」になることですか？　と聞く人がいます。自我を滅していくことは瞑想の目的でもありますが、無になれない……と気にする必要はありません。最初からすぐに瞑想が完成するわけではないからです。
雑念が湧いてもそこに気づきがあります。その雑念に向き合うことも瞑想です。こだわることがなくなると気持ちが楽になり、心は自由になり、物事をシンプルに受け止め考えられるようになるでしょう。

大切なのは呼吸法です。気持ちの切り替えやリセットするための瞑想から、自己変革や自己実現につなげるための瞑想まで、目的や取り組み方も人それぞれです。自分に合った瞑想法を選び、実践することです。

瞑想を習慣にしていけば、気持ちに余裕ができ、仕事や人間関係にもいい影響が出てきます。例えば、どうしようかと迷うときや、何か決断しなくてはならないことがあるとき。頭でぐるぐる考えるよりも、瞑想に入り、自分の心の声に耳を傾けてみるのです。そのほうが、答えが出やすくなるでしょう。雑念が浮かんでもそれを無理に消そうとせず、そのままを受け止めて呼吸を続けていきます。

瞑想に身構える必要はありませんが、自分がリラックスして集中しやすい状態をつくっていくことから始めるといいでしょう。音や香りに集中してもいいし、花や植物、キャンドルの炎に視線をおいてみるなど、自分なりに工夫してみてください。

慣れてくると、仕事の合間や電車に乗っているときなど、または散歩しながら、川のせせらぎや、そよ吹く風などを五感で感じる瞑想も心身をリフレッシュできます。ほんの短い時間で瞑想状態に入りやすくなります。一日を振り返る瞑想や、仕事の段取り、今後の計画など、普段の身近なことについて瞑想してみるのも、日々の心の整理になるでしょう。

私が実践している瞑想はヨガがベースです。

ヨガの起源には諸説あり、インダス文明にまで遡るともいわれています。ヨガは長い年月をかけて、さまざまなかたちで、広く認知されるようになり、今では健康法のひとつとして身近に触れる機会も増えています。

ヨガと聞くと、座法・ポーズ、いわゆるハタ・ヨガを思い浮かべる人も多いと思いますが、それだけでなく、ヤマ・ニヤマといわれる心構え、さまざまな呼吸法、ラージャ・ヨガに含まれる瞑想など、心身の制御をしながら精神面の安定や向上を目指すものでもあります。

日々の暮らしの中にもヨガは息づいています。例えば、歯磨きやお掃除など、自分の身の回りを清潔に保つこと。食や買い物も必要な分だけに留めること。精神面が安定すれば、無駄なものに気づき、欲に支配されず、イライラすることもなくなります。

ヨガ、瞑想、呼吸法は、心身のオーバーホールになると考えます。そこにはホリスティックヘルス（全体論的に見た健康）が内包されており、心と体と魂を調和させ、真の健康を手に入れる方法ともいえるでしょう。

ヨガ、瞑想、呼吸法で最も大事なのは、実践し継続することです。体が硬いからヨガはできないという人がいますが、それは重要なことではありません。むしろ硬いからこそ、体をほぐしていくことが必要でしょう。たとえ体が柔らかくても、意識すべきところに集中できていなければ、形だけのものになってしまいます。横隔膜を使う腹式呼吸を続けながら、一つひとつのヨガのポーズを丁寧におこないます。

無理しないこと。他人と比べないこと。自分のペースで、できる範囲でやっていくこと。体調、体力、ストレス度は一人ひとり違いますし、日によっても違いがあります。ですから、この前は難なくできたヨガのポーズでも、今日はうまく集中が続かなかったと感じるときも出てきます。

そうした心身の変化を感じとれるようになることは、気持ちに余裕ができた証拠でもあります。余裕ができると今まで見えていなかったものが目に入るようになり、気づかなかったことに気づけるようになるのです。

ヨガの8つのステップ

ヨガ	ステップ	内容
ハタ・ヨガ（身体を鍛え整える）	1ヤマ（禁戒）「してはいけないこと」	●他人に対して身体的・精神的な危害を加えない。 ●嘘をつかない。常に真実を語る。 ●他人から盗まない。 ●欲望に関して行動を自制する。 ●快適さを求めて貪らないようにする。
	2ニヤマ（勧戒）「なすべきこと」	●身体的なことだけでなく、心などの清浄さも保つ。 ●あらゆることに満足する習慣を身につける。 ●贅沢を慎む。 ●学ぶという姿勢を大切にする。
	3アーサナ（座法）	ヨガのポーズ・行法
	4プラーナーヤーマ（調気法）	ヨガの調息・呼吸法 吸気・止気・呼気を制御する。 心の安定や気力の向上に役立つ呼吸法もある。
ラージャ・ヨガ（精神面を鍛え整える）	5プラティーヤハーラ（制感）	外からの情報を遮断し、内面へ意識を向ける。 五感（触覚・味覚・聴覚・視覚・嗅覚）を意識の中に閉じこめ、気持ちをコントロールする。
	6ダラーナ（凝念）	心をある一点に定める・集中
	7ディヤーナ（瞑想）	心・意識の統一
クンダリニー・ヨガ（覚醒）	8サマーディ（三昧）	精神活動の統一
	ダラーナ（凝念）、ディヤーナ（瞑想）、サマーディ（三昧）の3段階の意識がひとつに集中した状態・サムヤマ（綜制）。	

ヨガのポーズによって視線を置く場所や意識する箇所があり、指先から足先まで気を抜かず、そのポーズをキープします。おおよその目安として、一ポーズにつき、腹式呼吸（鼻から吸って鼻から吐く）を6〜12呼吸（約30秒〜1分程度）続けます。

ポーズに集中しているときは、いい緊張状態を感じるでしょう。ポーズを解いたら、休息のポーズで全身の力を抜き、リラックスします。その後再び次のポーズに移ります。このポーズ中の集中した状態と休息で力を抜いた状態、緊張と弛緩を繰りかえしながら、滞っていたところにも血流を促します。腹式呼吸によって、自律神経の働きも整ってくるでしょう。ヨガの各ポーズをしていくうちに、自分の体と心に関心が向きやすくなります。

例えば、右より左のほうが体を曲げやすいかな？　と柔軟度の細かな違いや、いつもより気持ちが落ち着いてなかったかも？　など、自分の内面の状態にも気づくようになります。忙しさやストレスによって浅くなりがちだった呼吸はしだいに深くなり、体と同時に心もほぐれていきます。外側に向いていた意識が自分の内側へと集中が増していくのです。ヨガの後の瞑想に入る頃には、脳が休まり、心身がリセットされ、人によってはすぐに心の静寂を感じるでしょう。

普段、私たちは自然に息をしていても、意識的に呼吸はしていません。ヨガでは呼吸を重視するため、続けていくと日常でも呼吸を意識しやすくなり、ストレスコントロールに役立ちます。気持ちの切り替えがうまくいくようになり、判断力や洞察力が高まり、インスピレーションも湧きやすくなるのです。

序章で「瞑想する際の集中をより高めたいなら、呼吸法を重視したヨガも併せて実践していただくことをお勧めします」と書いた理由がわかっていただけたことでしょう。

「ハタ・ヨーガがなくては、ラージャ・ヨーガは成功せず、ラージャ・ヨーガが無くては、ハタ・ヨーガは成功しない。それ故に、ラージャ・ヨーガに成功するまでは、この一対の行を正しく行じなくてはならない。」（『ヨーガ根本教典』（佐保田鶴治著、平河出版社）ハタ・ヨーガ・プラディーピカーより）

古代インド科学といわれるヨガと瞑想を実践する者として、この意味を理解できます。ハタ・ヨガとラージャ・ヨガを同様に実践してこそ、それぞれが補完され、相乗効果を生み出すと感じるからです。

ヨガと瞑想は、自分と向き合い、自分に気づく実践法であり、自分を育てていくことにつながっています。ハタ・ヨガによって体を整え、ラージャ・ヨガによって心・精神が整い、自分自身の魂を磨いていく土台が形成されていくのです。

素直な気持ちで実践するか、疑心暗鬼のままかでは、当然、結果に差が出ます。しかし疑心暗鬼だった人でも、取り組み方しだいで素直な自分に戻っていけるのです。本来、誰もが純粋な精神を宿しているのですから。

ヨガ、瞑想、呼吸法を3カ月続けていけば、意識は変わっていきます。

何か目標を持って、プラン・ドゥ・シー（Plan・Do・See）で3カ月ごとのサイクルで自分を見つめ直すこともいいですね。

例えば、ストレス解消を目的に始めた場合、３カ月後のストレス度は、どのように変化したか？　などをみていきます。そして次の3カ月はどう実践し、生活習慣も含めて改善すべきことはないかなど、自分のために考えていきます。見直していく習慣が身につけば、ほかのことにも応用できるようになるでしょう。

ヨガ・瞑想・呼吸法の事例

ヨガ歴3カ月の会員の声――

Kさん

ヨガを始めたのは心も身体もリラックスできそうと思ったから。眠りが浅くストレスを感じていたが、解消の仕方がわからなかった。スクールでは週1回、自宅で週1〜2回ほどヨガを実習している。マンツーマンなので自分のペースでできた。3カ月経って、身体が柔らかくなり、意識してリラックスできるようになってきた。

Sさん

ヨガのプログラムがしっかりしていて親切に教えてもらえるので自然とポーズや呼吸の仕方を覚えられた。スクールでは週1、自宅では週3〜4でヨガをしている。呼吸がとても大事だとわかった。3カ月して深い呼吸ができるようになり、前より焦ることがなくなってきた。自分を見つめる時間も増えた。

取り組み方は人それぞれですから、3カ月経っても、何も変わらないと感じる人がいるでしょう。そういう人も次の3カ月でまた見直していきます。ヨガと瞑想には即効性はないので、地道に続けるほかありません。しかしその積み重ねは、必ず自分への気づきを促します。

ヨガのポーズや呼吸法で心身がリラックスしていくと、瞑想中にふと忘れていた記憶がよみがえったり、何かわからないけれど感情や感覚が湧き上がったりすることもあります。自分では気にも留めていなかったことや、ずっと心の奥にひっかかっていたこと。ふいに涙が出ることや言葉ではうまく表現しがたい思い、不思議な感覚などさまざまです。

ほかにも幼い頃のふとした情景、普段は自覚することがない潜在的な意識、場合によっては母胎内の記憶や前世の記憶なのでは？　と驚くようなものまであります。

忘れていた記憶にはつい最近の出来事も含まれます。例えば、ヨガに来所されていた会員さんが、途中で急に「私、帰ります。用事があったのをすっかり忘れていました」と言うのです。

私が主宰するヨガスクールでは、ヨガのポーズを始める前の準備として、ヨガ体操とヨガストレッチなどをおこない、目を閉じ腹式呼吸で気持ちを整えます。各人のプログラムでひと通りヨガのポーズを実習した後、最後に瞑想で締めくくります。

先の会員さんは、最初の腹式呼吸の段階で軽い瞑想状態となり、うっかり忘れていた大事なことを思い出したのです。

このように少しの時間でも正しい呼吸でおこなう瞑想によって心のゆとりが生まれると、ちょっとした記憶から埋もれていた記憶までよみがえりやすくなるのです。

癒しと修復の「サブコンシャスメソッド」

ヨガと瞑想を続けていくと、感覚が研ぎ澄まされてくるので、日常生活の中ででも、勘が鋭くなったり、ひらめきが起きやすくなったりと不思議な感覚を味わう人もいます。

それとは別に、ストレスや悩み、心の傷やわだかまりの原因となった潜在意識や潜在記憶が、気づきのシグナルを送っている場合もあります。

普段、私たちが考え、行動し自覚できている意識は顕在意識です。潜在意識は、過去の経験や知識として知っていたこと、本人も忘れていることが記録されている意識で、普段は自覚することもコントロールすることもできません。

顕在意識と潜在意識は、海に浮かぶ氷山でたとえられています。海面から見えている部分が顕在意識で、海面の下に隠れて見えない部分が潜在意識です。潜在意識は全体の9割以上を占めるともいわれています。また、潜在意識の中にはさらに深く超潜在意識や宇宙意識などもあると考えられます。

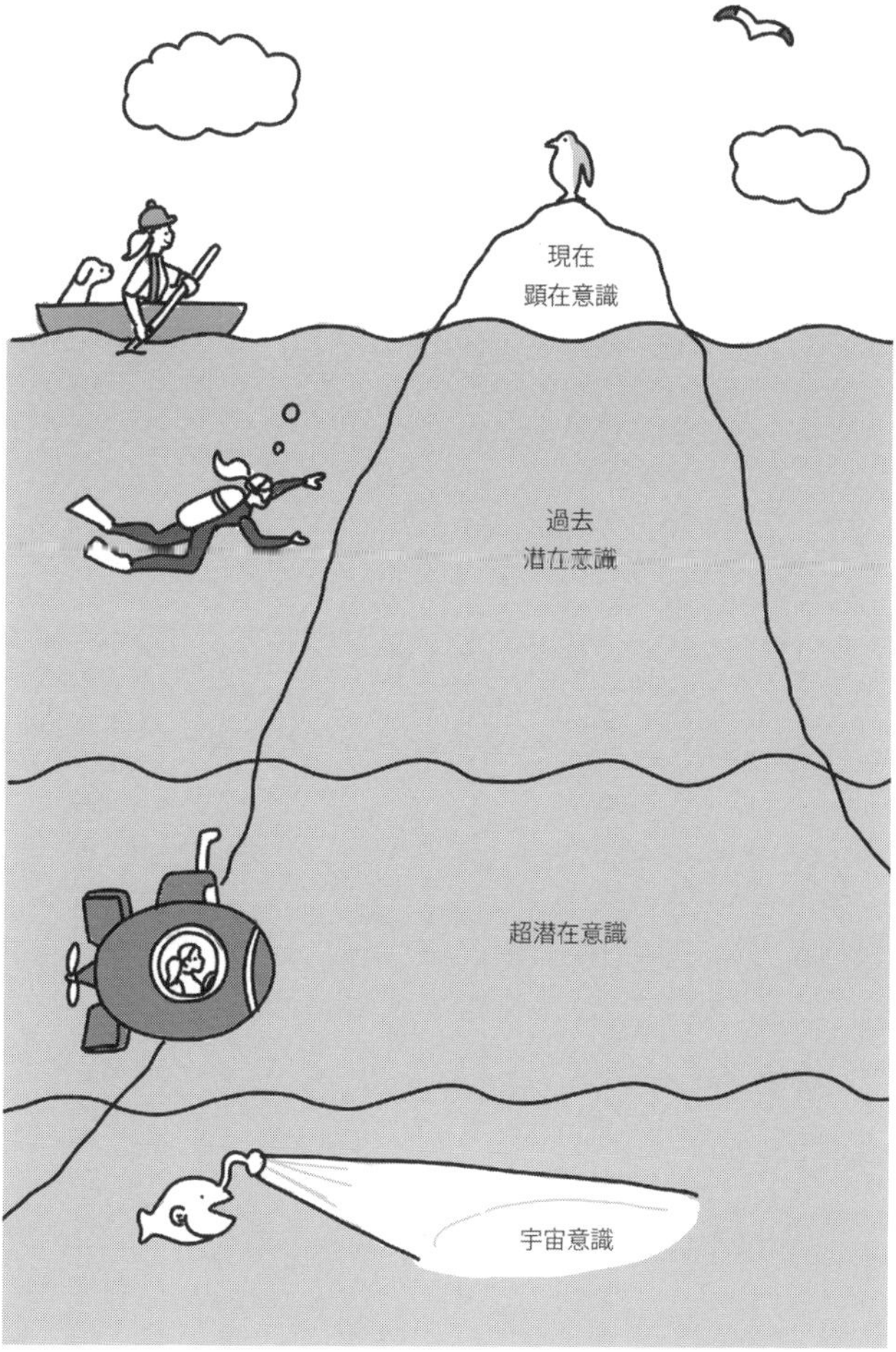
現在
顕在意識
過去
潜在意識
超潜在意識
宇宙意識

育った環境で起こった出来事のほか、出生前の母胎内や前世と呼ばれる意識にも潜在記憶があり、そこで生じた感情や感覚の中で強烈に潜在意識として深く刻まれていることが、のちのち何らかの形で表面に出てきます。それがポジティブな記憶や意識なら潜在能力として開花することがあるでしょう。ネガティブな記憶や意識なら対人関係の問題や心身の不調などで顕在化することもあります。一概にはいえませんが、理屈では説明しきれない深遠な意識の世界があるのです。

『ヨーガ根本教典』（佐保田鶴治著、平河出版社）の解説に、このような註釈がありました。

「インド心理学では、経験の発生には前世から持ち越した潜在記憶の再現が必要と考えられている。潜在記憶とは前世からの把住記憶のこと。」

ここで前世が云々という話をするつもりはありません。ただ、残存する感情や意識が、育った環境や経験とは当てはまらない場合もあるということを、頭の隅にでも留めておいてください。

ポジティブな意識を高め、ほんとうの自分に出会うためにはネガティブな潜在意識・潜在記憶に気づき、解明していく必要があります。心（魂・精神）の癒しと修復の「サブコンシャスメソッド」は、実はすでに始まっています。皆さんは、この本のページをめくりながら、顕在意識上から潜在意識に気づく方法を読み進めているのですから。

●3つの面から見たワーク（つくった自分・ありのままの自分・ほんとうの自分）
●自己分析のBS・KJ法（自分のファクトフルネスを知る）
●成育史・成育手記（自分の歴史、育った環境を見直し、過去と向き合う）
●潜在意識の5W1H（キーワードから自己を探る）
●心象画、夢・心象画（心の中を表現してみる）
●食生活日記（日常生活から自己を見直す）
●ポジティブなマントラ（自分で決めた言葉で気持ちを整える）

これらは、自分を知る方法であり、顕在意識上からの潜在意識の解拓（解き明かし、拓いていく）、つまりサブコンシャス・ディスカバリーの実践法です。今の自分に至った過去を振り返る作業や、未来を創る準備でもあります。

過去のことはどうでもいい、覚えていない、思い出したくない、という人もいますが、過去の中には、未来の自分をポジティブに変えていくヒントがたくさん詰まっています。まずはチャレンジしてみることです。取り組む順番は決まっていません。どれかひとつ選んでもいいですし、どこから始めてみても構いません。

これらを実践していくと、自分が好んでいたこと、興味があったこと、楽しんでいたことを思い出したり、親や周囲の大人からの抑圧や自己を抑制して、自我を出せなかった、泣けなかった、我慢していたと気づいたりします。ネガティブな感情の場合、自分が悪いんだ、親が悪いんだ、あの人のせいだ、など悲観に逸れがちですが、「あの頃、そのとき、ほんとうはどうしたかったのか」と自分に目を向けていくことが大切です。

ただ、頭で考えるだけでは、堂々巡りで終わることもあります。そこで、外に向いていていた目を自己の内面に向け、自分を見つめていくためのヨガ・瞑想・呼吸法が必要になってくるのです。

先に述べたように、ヨガ・瞑想・呼吸法は、ホリスティックヘルスを内包しており、心と体と魂を調和させ、真の健康を手に入れる実践法です。自己の内面を見つめる自己探求の旅へ進んでいく基礎でもあります。焦らず自分のペースで地道に継続すれば、その効力を実感していくでしょう。

「はじめに」で「自分の内面への旅である自己探求は、ほんとうの自分を知る潜在意識学であり、自分の人生哲学でもあります」と記しました。

ほんとうの自分を知る潜在意識学は、潜在意識・潜在記憶、超潜在意識・超潜在記憶を実践的に解明することを指しています。一人ひとりの潜在記憶の中にある感情・感覚・意識を解明し、それらを癒し修復するまでがサブコンシャスメソッドです。これは長年、実践・研究した実績を基に、多くの臨床データによって実証されたものであり、自己を高めるための実践法です。

サブコンシャスメソッドには、自分の心と体と魂を調和させるヨガ・瞑想・呼吸法の実践、先に記した顕在意識上から自分を知るサブコンシャス・ディスカバリーの実践、さらに自己を高めていくための方法があります。

サブコンシャス・コーチング&カウンセリング――

このサブコンシャス・コーチング&カウンセリングは、潜在心理の観点から心のメンテナンスをするものであり、ストレスマネジメントのひとつといえます。自分一人で考えていても、まとまりがつかず、かえって悩みや迷いの迷路から抜け出せなくなる人もいるでしょう。

サブコンシャス・コーチング&カウンセリングでは、相談内容の問題点を良い悪いで分類するのではなく、事実として捉え、それらを客観的に分析します。それによって、自分の抱える悩みや迷い、問題点に対する視点が徐々に変化していくのです。

カウンセラーと話していくうちに、ほんとうの思いや考えが引き出され、自分のキーワードや本音に気づくことも増えていきます。頭の中の考えや心の中にある気持ちが整理され「自分が今どうすべきか、どうしたいのか」と考える力、判断する力も高まります。自分の内にある一つひとつの答えが導き出されていくのです。

サブコンシャス・チャネリング――

サブコンシャス・チャネリングは、未来の吉凶を当てて指示を出すものでもなければ、霊視や宇宙からのメッセージでもありません。その人が持つ悩みや迷いの原因、自分の潜在意識、人生の指針などを知らせるものです。

深い瞑想状態に入ったチャネラーが、超微弱な意識を感じ取り、今に影響している潜在的な思いや母胎内での出来事、前世の因果といった魂の記憶を文字などで伝えます。「いつ、どうなるのか」ではなく、「今どうしてそうなのか」の主な要因から問題解決の糸口をつかみ、自分では気づいていなかった自分を発見していくこともあります。

チャネリングで書き出された内容は自己判断せず、チャネリング・アナリシス&コーチングで客観的に分析していけば、より深く読み解くことができます。「今、何をすべきか」を具現化し、自分らしい生き方に進んでいくことも可能なのです。

サブコンシャス・ソウルヒーリング――

サブコンシャス・ソウルヒーリングとは、心の深層や超潜在意識などに残る、精神・魂の傷つきを癒し解放することです。余計なものが取り除かれ、魂の声や純粋な自分自身を感じられるようになる魂の解剖学なのです。

顕在意識上からサブコンシャス・ディスカバリーが進んでくると、その中には魂にまで深い傷となり、潜在記憶として刻まれ、大人になった今でも心の痛みや苦しみとして残っているものを感じ取ることがあります。それらは、悩みやストレス、心身の不調、人間関係の確執などといった形であらわれます。

しかし、それらはサブコンシャス・ソウルヒーリングによって、癒し解放することが可能です。それには、本人が自分の深層にある意識に目を向け、正しく腹式呼吸をしながら瞑想し、自己の内面を意識していく必要があります。自己の意識統一の集中が高まってくると、しだいに顕在意識が薄れ、内面にある潜在意識・潜在記憶が感じ取れるようになってきます。幼い頃の自分だけでなく、母胎内の感覚や、前世や別の意識の存在を感じとることもあるでしょう。

そこには、ポジティブなもの、ネガティブなものが混在しています。ポジティブな意識を活性化するためにも、ネガティブに働いている意識を癒し解放していくのです。ヒーリング中、抑え込んでいた感情が湧き上がり、それらを吐き出し表現します。それを今の自分が俯瞰で見ている感覚だったり、もう一人の自分、幼い頃の自分になっている感覚だったりと、ヒーリング中の感覚は人それぞれです。

サブコンシャス・ヒーラーから発せられる癒しのエネルギーと、本人の解放しようとするエネルギーの相互作用、魂との対話によって、癒しが起こり、意識の解放と修復へ進みます。魂がオーバーホールされていくことで、結果的にポジティブな意識が優勢となり、潜在的な能力を開発していくことも可能なのです。

このように一連のサブコンシャスメソッドは、心（精神・魂）の育て直しをしていくことでもあります。ただし他力本願的な考えでは、うまくいきません。誰かに委ねるのではなく、自分自身で取り組み実践していくから、心身が健やかにバランスの良い状態になり、自分を信じる力が高まっていくのです。ほんとうの自分と出会うということは、何のわだかまりもなく、心にゆとりを持ち、シンプルでポジティブな自分らしい生き方を実現していくことでもあります。

サブコンシャス・ソウルヒーリング体験談

●HNさん――三姉妹の真ん中――

母は子育て中も休むことなく働いており、落ち着いて話を聞いてくれることはなかった。勇気を持って話しかけたこともあるが、「何!?」と迷惑そうな母の表情に邪魔をしてはいけないと察し、我慢するようになった。歳の近い姉と妹は素直に欲求を表現していて、母は2人の相手をするとすぐ仕事へ向かい、待っている私に順番がまわってくることはなかった。

母は忙しくて私たちの相手をしていられないからか、私たちにあらゆる習い事をさせた。ピアノ、水泳、習字、塾に教会までと、ただこなすのに精一杯の毎日で、私は自分のやりたいことを考える暇がないくらいぐったりしていた。

小学生だった私の夢は「思いっきり寝たい」ことだった。そのうち姉と妹は脱落していき、2人がテレビを見たり寝ていたりするのをラクして楽しそうで羨ましいと思いつつ、私は塾へ行き続けた。私だけやめられなかったのは、2人と一緒になるのが怖い、1人で頑張って飛び抜けようという考えと、母からの刷り込みによるものだと思う。母は「あとから大変なことになる。あの人みたいにならないように今がんばっとき」と、誰かを引き合いに出して何度も私に言い聞かせていた。

三姉妹の仲は良いとはいえず、ケンカはだいたい2対1（私）になり、特にちょっとしたことでギャーギャー泣く姉を大人になっても嫌っていた。母がもっと余裕をもって接してくれたらよかった。スキンシップがあれば、母の取り合いにならず、姉妹の関係はもっと違っていたかもしれない。

しだいに私は、人が周りにいると焦り、自分のペースを保ちにくく、私のことで他人の時間をとるのは申し訳なく感じるようになり、自分からは人に話しかけづらいため遠慮がちになっていった。

今は、サブコンシャス・ソウルヒーリングで潜在意識が癒されてきたことで、姉妹の関係は良い方向に進んでいる。姉と妹に対して、私が素直に話せるようになった。特に姉に対してはダメな人だと決めつけていたが、姉の個性を認められるようになった。もう競争しなくていいんだ、休んでもいいんだ、という気持ちが自然と湧いてきている。

佐多先生から「思いっきり楽しめばいいのよ」と言われ、私の人生でそんなことを言ってくれる人はいなかったのでほんとうに嬉しかったし、心が軽くなった。休むことや楽しむことに罪悪感を持っていたが、だんだんと解放されている。人との緊張感も緩和されるように癒していきたいと思う。

●Hさん——男性に対する潜在意識——

転職した新しい職場の上司に苦手なタイプの人がいました。一緒に仕事をしていると体が緊張しビクビクしたり、大声を出して怒っているのを聞くと頭痛がしたり、上司がいるだけで苦痛でした。

ですが、サブコンシャス・ソウルヒーリングを受けるたびにいろいろ潜在意識が出てきて解放し癒すうちに、職場での体の緊張が軽減し、上司の声を聞くのも気にならなくなっていきました。

一番驚いたのは、ある日上司が席に座っていたとき、「あ、居たの」ぐらいに思ったことです。同じ空間に居るだけで、あれほど苦痛で苦手だった人のことを、今は何とも思わずに会話ができています。言いにくいこともすんなり言えて、相手もすんなり受け止めてくれて、180度変わってきました。

職場の雰囲気も良く、平和な感じで必要以上に遠慮や我慢をせず、自然体で仕事ができるようになっています。以前なら、良い会社に入れたとしても辞めてしまっていたところでしたが、今回はこんなにも変わっていけると実感しています。

以前の私は、そもそも男性が苦手だったので、今までの就職先は女性が社長だったり、女性の多い職場を選んでいました。今は移動などで人が入れ替わり男性の方が多い職場になったのに馴染んでいる自分がいます。

男性が苦手な原因には潜在意識の影響がありました。小学5年生まで同居していた祖父が母を怒鳴りつけ、ときには暴力を振るっていて、父や周りの大人たちは見ているだけで誰も助けようとはせず、母も負けん気が強く大喧嘩は毎日。父もキレやすいところがあるのですが、母は父には従順に尽くしていました。

また弟が生まれてからは後継ぎができたと皆喜んで（何代も続いてきた家系だったので）私の存在が薄くなっていったのがとても淋しく感じていたことや、いつ始まるかわからない喧嘩に怯え、恐怖で身も心も固まっていたとサブコンシャス・ソウルヒーリングの中でわかり、少しずつ癒されていきました。

自分の存在は置いておいて、男の人や周りに従うのが当たり前と思っていたことや、男の人の声に怯えたり、言いなりになったり、逆らえなくなったりしていた原因がこんなところにあったのかと。自分を出せるようになってきて、初めて自分を出せないまま生きてきたんだとわかってきたのです。

私の意識が変わったことで周りも私に話しかけやすくなったようで、今までと空気が違うと感じます。自分の人生は自分の時間なのだから自分らしくていいと心から思えます。

●HAさん――手記――

アストライアに入会してもうすぐ20年。ヨガと瞑想、呼吸法を通して変化してきた心や体、人間関係などについて記録したノートは15冊になりました。すべてではありませんが今回見直してみて、少しずつ変化し、一歩一歩進んできたことを改めて実感しました。

佐多先生との出会いは1998年初夏。20代後半で、別のヨガスクールでインストラクターとしての勉強中でした。20年以上前のことですが、とても印象が強く、今でも出会った日のことを鮮明に覚えています。当時の私の先生が「ヨガをもっと深めたい」と通い始めたのが佐多先生のヨガスクールでした。

出会いから4カ月後に佐多先生のヨガスクールで行われたセミナーに参加し、初めてサブコンシャス・チャネリングを受ける機会を得ました。

そこには、「緊張や不安、父や母に対する怒りや淋しさなど、心身に強い圧迫感がある」と出てきていました。単身赴任で家に居ない父でしたが、海外で仕事をする姿に憧れや尊敬はあるにせよ、怒りや淋しさがあるなどと思ってもみなかったので、「これは何だろう？」ととても驚きました。

この体験は、ほんとうの自分を知る旅への入り口となりました。その後も、悩んでいるとき、選択に迷っているときなど、折に触れてチャネリングを受けることで自分の本心と向き合う指針にしてきました。

その後、当時通っていたヨガスクールが閉じられ、一旦すべてリセットしようと仕事を辞め実家へ戻り、「自分は何がしたいのか？　どうやって生きたいのか？」数カ月間思い悩みました。ヨガを続けたいという気持ちがあり、最初にヨガを始めた地元から近いスクールへ再度入ろうとも思いましたが、佐多先生のヨガのことが頭から離れませんでした。「ヨガのために遠くから東京に通うなんて正気じゃない、バカげている」と、何度も打ち消そうとしましたがどうしても浮かんできます。

このまま気にし続けているぐらいなら一回行ってみようと思い、佐多先生がいらっしゃるスクールを訪ねました。そのときに、潜在意識がいかに顕在意識（日々の考えや行動）に影響を与えているかについて佐多先生が話され、「どんなことも原因があって、必ず解決できるのよ」という言葉に、直感的に「救われた。もう大丈夫だ」と安心感でいっぱいになりました。目の前がパーッと明るくなり、出口の見えなかった暗いトンネルに光が差した気がしました。

アストライアのヨガに出会う前の私は、表面的には問題なく、前向きで、行動的で、悩みがないように振舞っていましたが、一人になるとどこからともなく湧いてくる不安感や孤独感に押しつぶされそうになっていました。何とか抜け出そう、気持ちを切り替えようと、精神世界の本を読んだり、瞑想やアート、自己実現などのさまざまなワークショップに参加していました。参加中は気持ちが軽くなりましたが、その帰り道や翌日はまた気分が落ち込むという繰り返しで苦しい日々を送っていました。

何とかバランスを保とうと昼間はきちんと会社に行き仕事をしていましたが、体調は悪く、一人のときは気持ちも落ち込み、ぼんやりして、お酒の量も増え、自分は鬱病だと思っていました。

20代後半に2年半ほど生理が止まりました。心も体も悲鳴を上げていたのだと思います。無月経の改善に病院へ行くと、薬や注射で生理が始まるようにしますと言われましたが、「何か原因があるはず。このまま薬で原因をわからなくしてしまうのは嫌だ」と思い、通院を止めました。その後は整体に通い、数カ月すると生理が始まりましたが、自分の体を人任せにしたくないと思い、やはりヨガを再開しようと決めました。その後は数年かけてアストライアのヨガで改善され、定期的な周期に戻りました。

アストライアに通う以前は別のヨガスクールにも行きました。学生時代の授業がきっかけで始めた1カ所目では断食の合宿などにも参加し、2カ所目ではスタッフとして働きインストラクターをしていました。どのヨガスクールもクラスの時間とカリキュラムが決められ、性別も年齢もさまざまなグループでおこなっていて、先生の目は個人には行き届きません。呼吸についてそれほど細かく教えてもらうことはありませんでした。

アストライアのヨガは慣れるまではマンツーマンで、一人ひとりの体調や病歴なども考慮して教えてもらえます。呼吸をとても大切にしていて、ポーズの動きと呼吸を合わせるよう丁寧に組み立てられ、意識的にリズミカルな呼吸を繰り返すことで、自然に自律神経のバランスが整えられ、体がほぐれ、疲れが取れてリラックスできます。薄皮をはがすように少しずつ、内臓の機能がアップし、代謝が上がり、冷え性や肩こりも改善され、食べたいものも変わっていき、お酒の量も減りました。

仕事帰りに30分ほどヨガをすると、気分がすっきりして体の滞りが流れ始め、むくみが取れたり、目がよく見えるようになったりします。知らず知らずのうちに仕事で呼吸が浅くなっていたことや、疲れに気付いたり、自分の体と向き合うバロメーターにもなっています。

また、アストライアの特徴は、ヨガを深めることで出てくる潜在意識や心のケアのコースがあることです。その人がより自分らしく生きられるよう、カウンセリングやコーチングをおこなったり、心のマイナス要因を解放するサポートをおこないます。私はこの部分にとても惹かれ、もっとヨガを学び深めていきたいと思っています。他のスクールでも瞑想はおこないますが、その先の心のケアをおこなっているところはないように感じます。

私は3人きょうだいの長女で、小さい頃から父が単身赴任で家におらず、いつの間にかしっかりしなければいけないと思いながら育ちました。自分の気持ちは後回しにして何でも一人で解決することが癖になり、周りに頼ることを知らずに大人になりました。

社会に出て、どうしていいか迷ったときも人に相談できず、苦しくても助けてと言えませんでした。強がって格好つけて素直になれず、無理に笑って大丈夫な振りをしていました。甘えたい気持ちを我慢していたので、甘えた人を許せなかったりもしました。

アストライアのヨガと呼吸法で瞑想を深め、小さい頃にずっと我慢していた思いを感じるようになり、サブコンシャス・ヒーリングを受けて、泣いたり、怒ったり、言いたくても言えなかった言葉を吐き出すことで、深い場所で固まっていたストレスが解放され、心も体もスッキリして、螺旋階段のように上がったり下がったりしながら改善に向かいました。事実を認め受け入れることができるようになり、自然に両親や弟妹達との家族関係がよくなり、今まで人の目が気になったり、遠慮して言えなかったことを自然に言えるようになったりして、肩の力を抜いて自然体で自分らしく生きられるようになってきました。

だんだんと生きるのが楽しくなってきて、あのとき東京へヨガに通おうと決めた選択は間違っていなかったと心から思えます。もしあのとき行動していなかったら、人のことを羨み、悶々とした毎日を送っていたような気がします。これからも自分のペースでずっとヨガを続けていきたいです。

あなたの人生は、あなた自身で切り拓く

自分を高めるのに、ここまででいいということはありません。

自分の可能性に向かって前進あるのみです。

私自身もまたサブコンシャス・エキスパートとして、自己探求を実践している皆さんからサブコンシャス・ソウルヒーリングの指導中、学ぶものはたくさんあります。

皆さんが幸せになっていく姿が、私の幸せになるのです。

自己探求の実践にも、ここまででいいという到達点はありません。

個性を目覚めさせ、活き活き楽しい人生を過ごすのもあなた次第です。

自分を知れば知るほど、もっと自分への興味が湧き、楽しみが出てくるものです。

なぜなら私が自ら実践し、結果を出しているからです。

皆、素直な良い魂（心）を持っているのです。ありのまま、素顔の自分で生きれば心も充実し、やる気も出てきます。そのためには自分自身を知ることです。

自分で考える力を持っている皆さん！

その力を発揮して自分らしい人生を楽しくしていきましょう。

あなたの人生は自分で切り拓くものです。

あなたが納得し、生きがいある後悔しない生き方。その気になれば誰にでもできるのです。

自分のことを客観的に見つめる時間を有効に活用し、ほんとうの自分を知るチャンスです。

あなたの考えを信じ、あなたのために行動しましょう。

この本には、自分らしく生きたいと願う人たちに役立つ処方箋、自己探求のノウハウが詰まっています。

一度しかない人生です。

本書が、自分を信じ、後悔しない生きがいのある生き方を目指しているすべての人たちの道標になれば幸いです。

おわりに

ここまで読み進めていただいて、生まれ育った環境がいかにその人の人生や生き方に影響しているかをおわかりいただけたと思います。

自己の深層に迫り、気づき、魂の癒しと修復のメソッド＝サブコンシャスメソッドは多くのクライアントを実践指導した臨床データに基づき、確立したメソッドです。

このサブコンシャスメソッドは、クライアント自らが実践するからこそ、本人の中にある癒す力が目覚め、本来持っているポジティブなエネルギーが湧き起こってくるのです。

東日本大震災から10年が経ち、気候変動や新型コロナ感染症など、自然界で起こるさまざまな出来事や災害は、いつ、どこで起こってもおかしくない状況が続いています。災害は他人事ではないのです。私たちの生活もさまざまな角度から見直さなければなりません。ダイバーシティやビジネスのグローバル化は急速に進む一方、肝心な人間らしさはどうでしょうか。目先のことだけにとらわれ、自分をしっかり見ていない、あるいは見ようともせず、自分のことを後回しにしていることにさえ気づいていないなら、それはあなたの魂が悲しむことです。

私たちは現在、一日24時間という決められた時間の中で生きています。

あなたはどのように自分の時間を使っていますか？

今だからこそ、一度、足を止め、自分の時間の在り方を考えるときではないでしょうか。「現在」は「過去」と「未来」の分岐点ともいえます。現在を生きるあなたの「生まれ育った環境」、つまり潜在意識・潜在記憶を知り、そこに傷つきやわだかまりがあれば、それらを癒すことであなたにとってより良い未来へ続くでしょう。

肉体の年齢は取り戻せませんが、心・魂の精神年齢は、肉体の成長年齢まで育て直しができます。そのプロセスが、サブコンシャスメソッドにあります。自分に対する疑問や悩みの点と線が結ばれていきます。その結果、新しい自分の発見があり、自分らしさを取り戻していくことができるのです。

一分一秒、「時」は流れていきます。あなたの時間の中で起こるさまざまな出来事は、目に見えない心の動きに影響していきます。

「心で見なくちゃ、ものごとはよく見えないってことさ。かんじんなことは、目に見えないんだよ」（サン＝テグジュペリ著『星の王子さま』岩波少年文庫・内藤濯訳）

物事を心の目で見るには、まずは自分の心に目を向け、問いかけることからです。それは、あなただけが知っているあなたの心の世界なのです。

自分らしさとは、余計なものがなく、わだかまりがないシンプルな状態です。素直な自分、正直な自分という本来の姿に戻れば、「自分が変われば周りが変わる」ことも実感していきます。周りが変わるとは自分に都合よく変わるわけではなく、自分の考え方や行動が変わるから、周りの見方も自然と変わるということ。ネガティブからポジティブへ、人間関係にも変化が出てきます。無理に周りを変えようとする無駄なエネルギーを使わないので、精神的な疲れを感じることもなくなるのです。

自己探求に近道はありません。焦らず「急がば回れ」の精神で取り組むことです。あなた次第で人生は変えられます。あなたは考える力を持っているのです。創意工夫をしながら、さまざまな経験を通し成長していくことで、自信がつき、物事を客観的に正しく判断ができるようになるのです。

ヨーロッパでベストセラーになった書籍「IKIGAI」で、外国人の視線でとらえた「日本人の人生観」が世界で共感を呼んだそうです。生きがいは「IKIGAI」として世界に通用する言葉になっています。著者のエクトル・ガルシアさんがNHKのインタビューで、生きがいについて話していたことが印象的でした。

「僕はスペイン人ですが、スペインに〝生きがい〟という言葉はない。英語も〝「meaning of life」＝生きる意味〟で（〝生きがい〟とは違う）。〝生きがい〟は、すごく意味の深い言葉。自分の人生がむだじゃない気分は、すごく大事。」

（「NHKニュース おはよう日本」番組ホームページより）

世界中に異文化はあるけれど、基本的には、人の心は変わらないと思います。忙しさに追い立てられていた足を一旦止め、人間らしさを取り戻すことで、心にゆとりができます。生きがい・IKIGAIには、心豊かに過ごせる日常という、かけがえのない幸せが詰まっているのです。

「後悔しない生き方」や「生きがい」を持つことは、けして難しいことではありません。仕事は生活の糧であり、趣味など楽しい時間を過ごすことは心の糧となり、「生きがい」が心を豊かにしていくのです。やりたいことがあるなら後回しをせず、自分のために行動してください！

キラーストレスの説明に「一つ一つは小さくても、多くのストレスが重なると、キラーストレスともいうべき危険な状態に陥ります」とありましたが、逆に「一つひとつは小さくても、多くの楽しみが重なると、心が豊かになり幸せな人生を過ごせます」のほうがいいですね。

今、この瞬間にも時は刻まれています。

限りある時間の中で、あなたはどんな「時」を刻みますか？

1日として同じ日はない。
1時間でさえ同じ時間はない。
これと同じようにこの世が作られて以来互いに同じ木の葉は一枚としてない。

（図録『イギリスの詩情　コンスタブル展』より引用）

これは、19世紀イギリスの風景画家　ジョン・コンスタブルの言葉です。この言葉に出逢ったのは35年前、別の美術展を鑑賞した帰り道でした。ふと目に留まったジョン・コンスタブル展の入り口に、この言葉が掲げられていました。まさにそうだ！　と共感し、鳥肌が立ったことを今でも昨日のことのように覚えています。まるで導かれるかのように、自分の生き方を後押しされた必然性を感じたのです。

木々の葉は一度落葉すると二度と同じ枝には戻れません。同じように、人の人生も一度きりのものです。同じ時間は戻ってきません。

後悔しない生き方とは、自分の時間を大切に生きること。

完璧な人はいないのです。みんなストレス社会の中に生きています。心のわだかまりがなくなってくるとポジティブなエネルギーが湧いてきます。

気づいた時から行動しても遅いということはありません。

気づき、行動することでネガティブからポジティブへの切り替えがスムーズにいくようになります。それが、自分の心・魂を成長させていくのです。

人のために何か役立ちたいと思う人は多いでしょう。そのためには、まず自分が満たされ、心から幸せな気持ちになることです。そうすれば、あなたの自然な立ち振る舞いが、やがて誰かの幸せへとつながっていくのです。

私たちは一人ひとりが個性を持って、自分のためにこの世に誕生しました。この本を通し、生まれてきた意味を考える機会になればと思います。

潜在的にもまだ眠っているあなたの能力を開花させ、自分らしくシンプルに活き活きと、納得いく人生を過ごして欲しいと願っています。

シンプル・ライフ・イズ・ベスト（A simple life is the best）を目指して。

２０２１年６月

佐多美佐

NEW PROJECT
EVENT
POSITIVE
NEGATIVE
YES!

付録

ヨガポーズと
瞑想座法

太陽礼拝のポーズ（簡易法）
スーリヤ・ナマスカーラ・アーサナ

スタート
1
2
鼻から息を
吸いながら
3
口から息を
吐きながら
4
鼻から息を
吸いきって止める
5
口から息を
吐ききって止める
6
鼻から息を
吸いはじめ
7
息を吸い
ながら
8
息を吸った
まま
9
口から息を
吐きながら

太陽礼拝のポーズ（簡易法）

●呼吸（吸う・吐く・止める）を意識しておこなう

①―― 両脚を揃え、立った姿勢で、両手は胸の前で合掌する。視線は正面。（合掌は図のように親指で印を結ぶ）

②―― 鼻から息を吸いながら、合掌したまま両手を真上に伸ばしたあと、左右に広げる。視線は天を仰ぐように。

③―― 口から息を吐きながら、両手を下ろし上体を前屈させ、両掌を床面につける。（前屈が辛い人は膝を曲げてもよい）

④―― 鼻から息を吸いながら、右脚を後方に伸ばし、続いて左脚を伸ばし上体を反らす。息は吸いきって2秒止める。

⑤―― 口から息を吐きながら、両掌は床面につけたまま腰を後方にひき、上体を前方に沈め、顎と胸はできるだけ床面につける。息を吐ききって2秒止める。視線は正面へ。

⑥―― 鼻から息をゆっくり少しずつ吸いながら上体を起こし、右脚、左脚の順で元に戻す。（⑥～⑧まで鼻から息を吸い続ける）

⑦―― 頭を下げたままゆっくりと立ち上がり、両手は膝の前を通って、同時に頭と上体を起こす。両手は胸の前で一度合掌しながら、真上へ伸ばす。

⑧―― 視線は天を仰ぐように。上に伸ばした両手を左右に広げる。

⑨―― 口から息を吐きながら、両手を下ろし胸の前で合掌する。

＊2回繰り返しておこない1セットとする。
2回目の④では、左脚から後方に伸ばし ⑥では、左脚から元に戻す。

正面から見た図
②・⑧

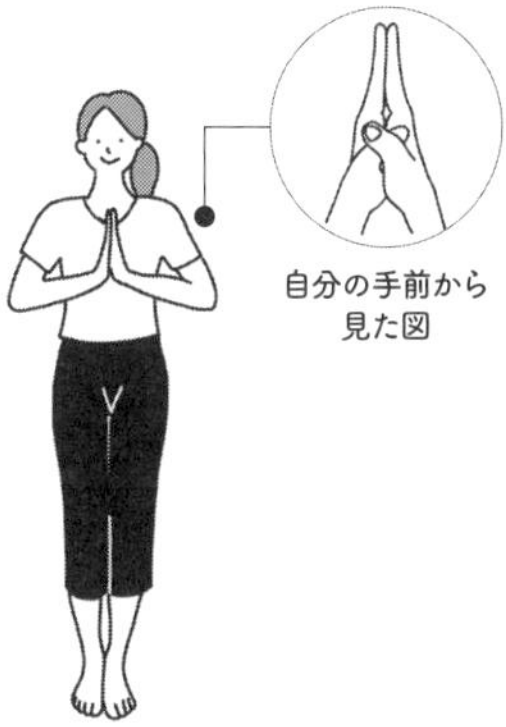

正面から見た図
①・⑦・⑨

死人のポーズ

- 全身の血液の循環がよくなる
- 全身の疲労回復

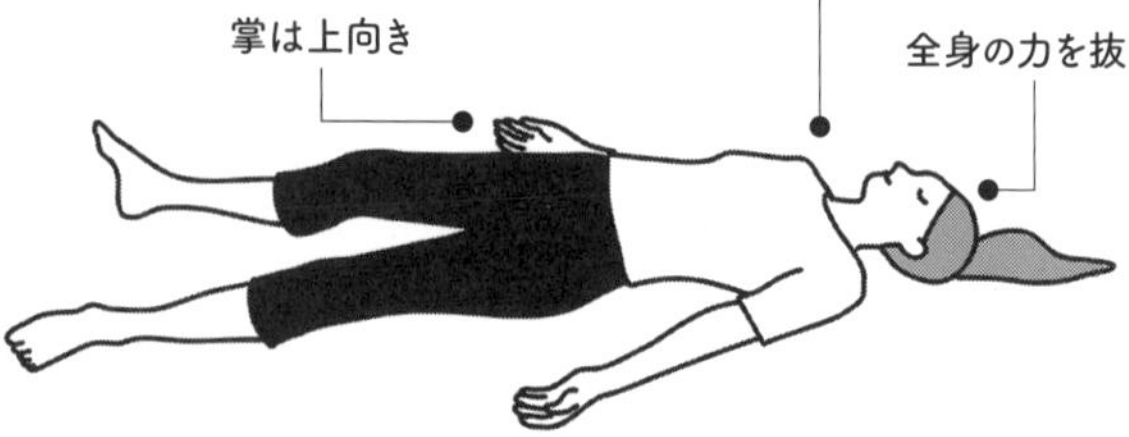
瞑想や休息のポーズでもある
掌は上向き
全身の力を抜く

背中を伸ばすポーズ

- 体の背面や脚の後面を柔軟にする
- 自律神経のバランスを整える

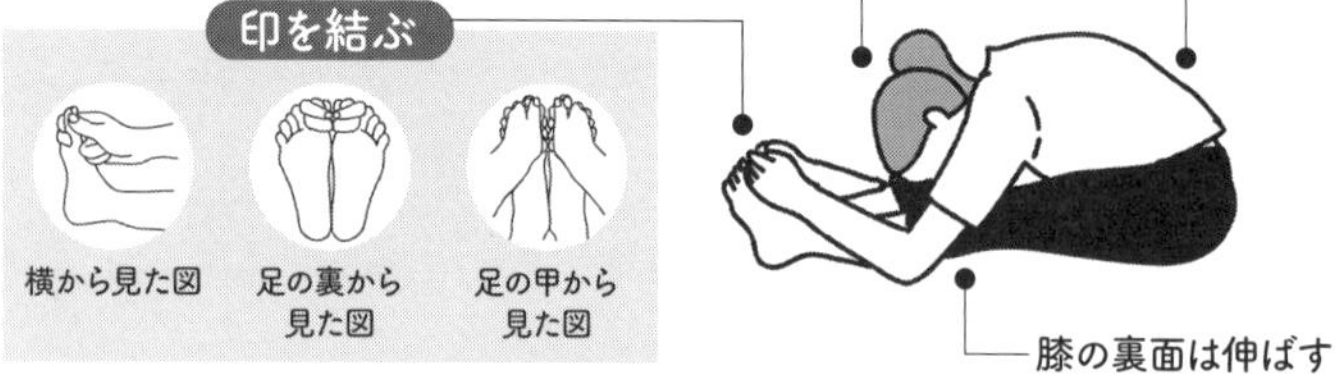
背部、腰部、脚部
後面が伸びている
ことを意識する
視線は真下
印を結ぶ
横から見た図
足の裏から
見た図
足の甲から
見た図
膝の裏面は伸ばす

＊無理に上体を曲げない。体が硬い人は、両手をつま先の方へ、伸ばすだけでもよい。

脚を伸ばすポーズ

- 腹部の筋肉強化
- ギックリ腰や腰痛予防

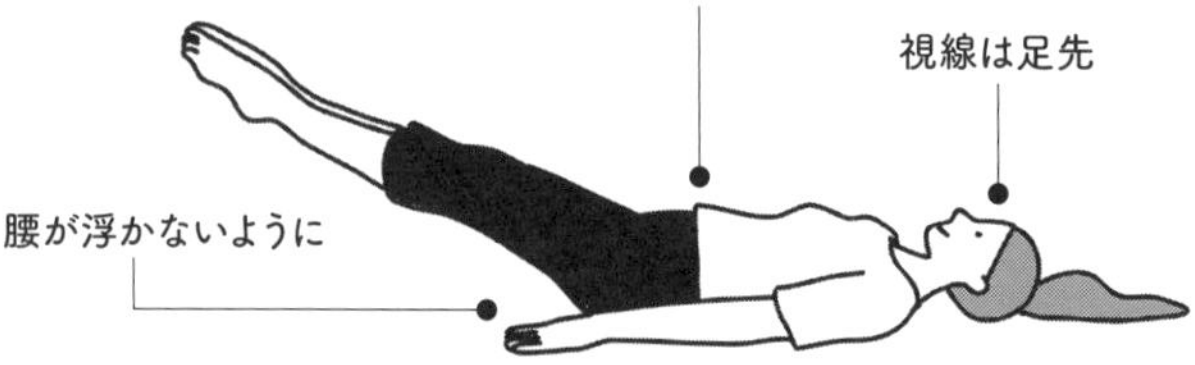
腹部を意識する
視線は足先
腰が浮かないように

死人のポーズ

①── 仰向けになり両手両脚を開き、全身の力を抜く。

②── 一度、鼻から息を吸って口から吐く。

軽く眼を閉じ、呼吸を整える。意識はおヘソに向ける。

横隔膜を使って腹式呼吸をおこなう。鼻から吸って鼻から吐く。

10〜15分程度から始めるとよい。(低血圧の人は5分程度)

＊仰向けが苦しい人は無理をしない。腰痛がある人は、両膝を立てておこなってもよい。

瞑想としておこなう時

眼は軽く閉じるか、または半眼。意識はおヘソに向けておく。
呼吸：鼻から吸って吐く腹式呼吸。10〜20分程度を目安。
集中を保つために、親指と人さし指で印を結んでもよい。
(蓮華のポーズ時参照)

＊本書に書かれているヨガポーズを維持している時と、 休む時の呼吸は鼻から吸って鼻から吐く腹式呼吸です。

背中を伸ばすポーズ

①── 死人のポーズから上体を起こし両脚を伸ばして座り、両掌を両脇の床面に置き、鼻から息を吸って口から吐く。

②── 再び鼻から息を吸って鼻から吐きながら上体を前方に倒す。

③── 両手の親指、人さし指、中指で両足の親指を握る(印を結ぶ)。視線は真下。

▶呼吸：腹式呼吸で6呼吸(約30秒)を目安に維持する。

④── ポーズを解く時は、鼻から息を吸いながら上体を起こし、口から吐く。眼を閉じて3呼吸休む。

脚を伸ばすポーズ

①── 死人のポーズから眼を開け、鼻から息を吸って口から吐く。

②── 鼻から息を吸いながら両手両脚を閉じ、両掌は床面につける。ゆっくりと30〜45度の角度まで両脚を持ち上げ、鼻から吐く。

▶呼吸：腹式呼吸で6呼吸(約30秒)を目安に維持する。

③── ポーズを解く時は、鼻から息を吸いながら脚をゆっくりおろし、 両手両脚を開いて、口から吐く。眼を閉じて3呼吸休む。

＊無理をせず、脚を高めに上げたり、膝を曲げてもよい。片脚ずつおこなってもよい。

ガスを取り去るポーズ

- 腹圧を強くし、腰部、腹部を引き締める
- 胃弱、便秘に有効

腹部に適度な圧をかけていることを意識
視線は突き合わせた両親指の間
頭が浮かないように

コブラのポーズ

- ネコ背を矯正し、姿勢をよくする
- 自律神経のバランスを整える

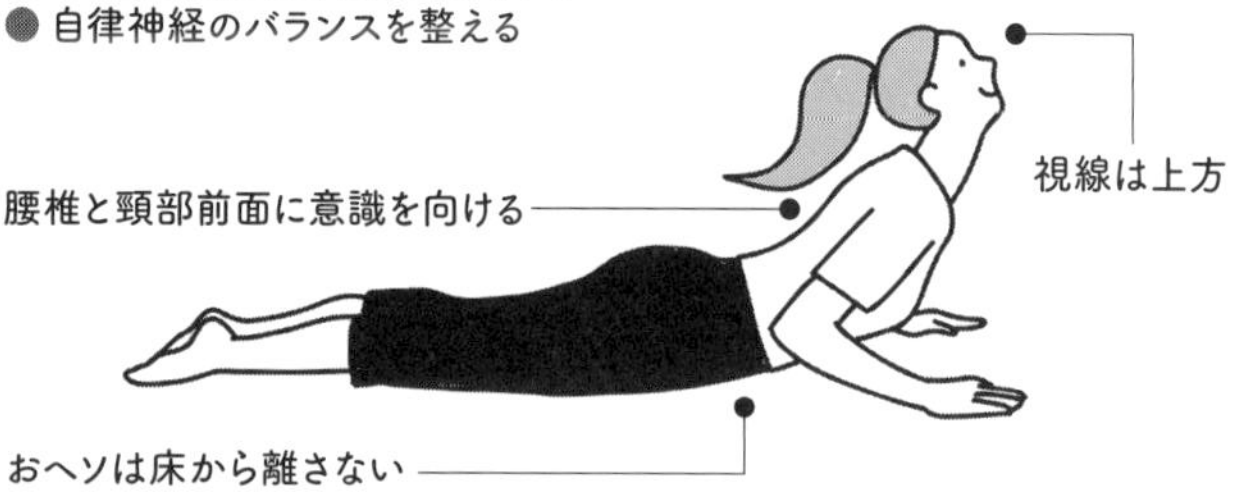

視線は上方
腰椎と頸部前面に意識を向ける
おヘソは床から離さない

＊腰痛の人は無理をせずできる範囲でおこなう。

半分の魚のポーズ

- 頭痛やストレスの改善に役立つ
- 自律神経のバランスを整える

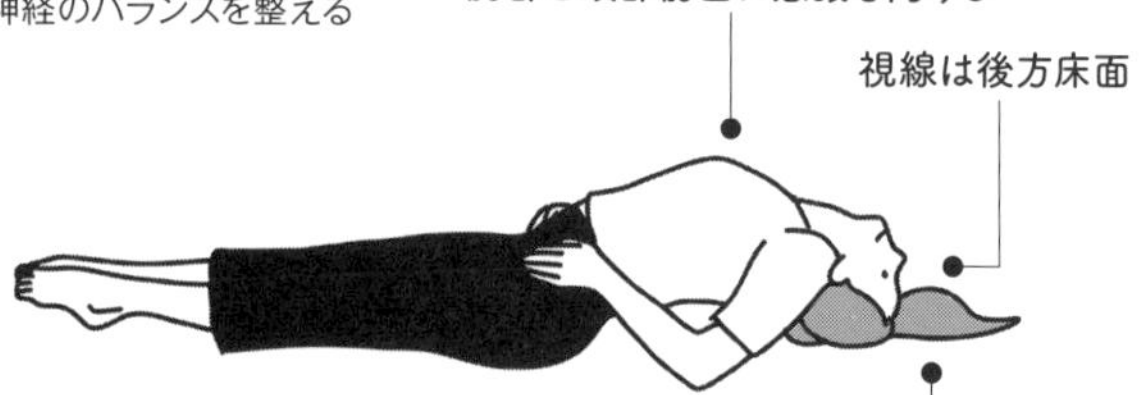

胸部と頸部前面に意識を向ける
視線は後方床面
途中で首を動かしたり、キョロキョロしない

＊三半規管が弱い人、背中が硬い人は軽めに反らす。高齢者や首が弱い人は首筋を痛めないように注意し、無理をしない。呼吸数を減らしてもよい。高血圧の人は慎重に。気分が悪いと感じたら、すぐ止める。

ガスを取り去るポーズ

①―― 死人のポーズから眼を開けて、鼻から息を吸って口から吐く。

②―― 鼻から息を吸いながら、まず両手両脚を閉じ、次に両膝を曲げ胸に引き寄せ、両膝の下で両手を組み、脚をお腹に密着させる。両脇は締め、両指は親指以外を組み、親指は突き合わせ、両つま先を揃えて伸ばし、鼻から息を吐く。

▶呼吸：腹式呼吸で6呼吸（約30秒）を目安に維持する。

③―― ポーズを解く時は、鼻から息を吸いながら両手両脚を床面へ戻し、両手両脚を開いて、口から吐く。眼を閉じて3呼吸休む。

＊体が硬い人、両手が届かない人は片脚ずつおこなってもよい。 曲げた両脚が腹部に届かない人は、間にタオルなどを挟んで、 適度な圧になるよう調整してもよい。

コブラのポーズ

①―― うつ伏せになり、両腕を曲げ、掌を胸部の左右の床面につける。顎を床につけ、鼻から息を吸って口から吐く。

②―― 鼻から息を吸いながら踵を揃え、上体をゆっくり持ち上げ、鼻から息を吐く。視線は上方へ向ける。両腕の脇を締め、指は揃えて掌に重心を置く。おヘソは床面から離さない。

▶呼吸：腹式呼吸で6呼吸（約30秒）を目安に維持する。

③―― ポーズを解く時は、鼻から息を吸いながら上体を戻し、両手は親指と親指を突き合わせて、三角形をつくり、その窪みに片方の頬を置き（顔は横を向く）、口から吐く。
同時に両足の踵を外側へ開く。眼を閉じて6～7呼吸休む。

半分の魚のポーズ

①―― 死人のポーズから眼を開けて、鼻から息を吸って口から吐く。

②―― 鼻から息を吸いながら両手両脚を閉じ、両掌を脚のつけ根で固定する。両肘で支えながら上体を持ち上げ、頭頂部を床面につけ、胸を反らし、鼻から息を吐く。両脚を揃え、つま先を伸ばす。視線は後方床面へ向ける。

▶呼吸：腹式呼吸で6呼吸（約30秒）を目安に維持する。

③―― ポーズを解く時は、鼻から息を吸いながら、ゆっくりと上体を戻し、両手両脚を開いて、口から吐く。

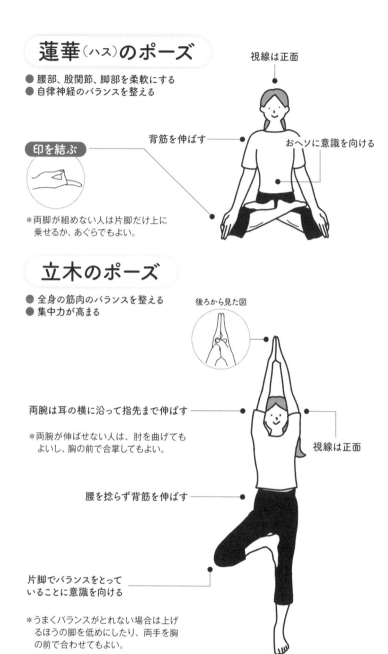

蓮華（ハス）のポーズ

- 腰部、股関節、脚部を柔軟にする
- 自律神経のバランスを整える

印を結ぶ

視線は正面
背筋を伸ばす
おヘソに意識を向ける

＊両脚が組めない人は片脚だけ上に乗せるか、あぐらでもよい。

立木のポーズ

- 全身の筋肉のバランスを整える
- 集中力が高まる

後ろから見た図

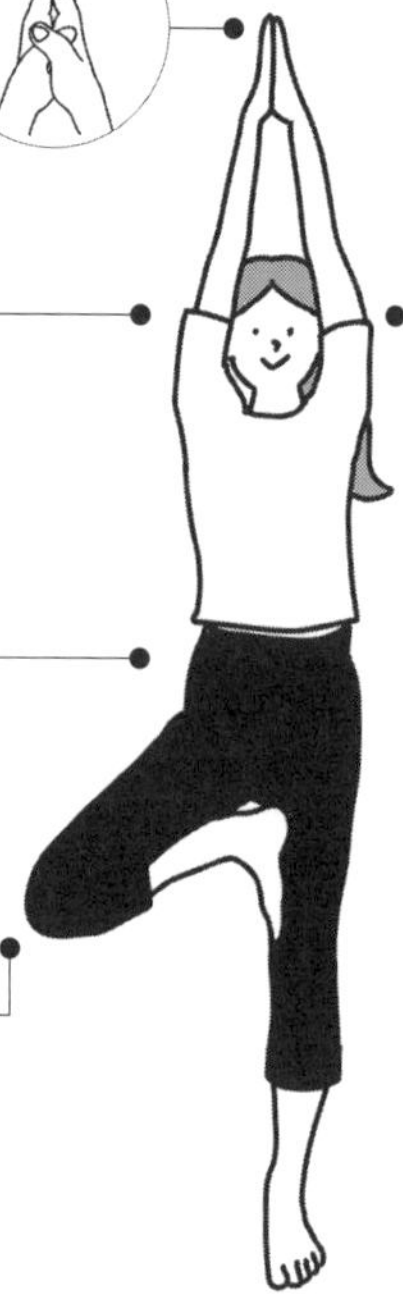
両腕は耳の横に沿って指先まで伸ばす
視線は正面
腰を捻らず背筋を伸ばす
片脚でバランスをとっていることに意識を向ける

＊両腕が伸ばせない人は、肘を曲げてもよいし、胸の前で合掌してもよい。

＊うまくバランスがとれない場合は上げるほうの脚を低めにしたり、両手を胸の前で合わせてもよい。

蓮華（ハス）のポーズ　＊ポーズは左右交互におこなう

①―― 死人のポーズから上体を起こし両脚を伸ばして座り、両掌を両脇の床面に置き、鼻から息を吸って口から吐く。

②―― 鼻から息を吸いながら左手で右足先を握り、右手でその足首を持ち、左太ももつけ根の上に置いて、口から吐く。

③―― 鼻から息を吸いながら右手で左足先を握り、左手でその足首を持ち、右脚のつけ根の上に置いて口から吐く。両手は印を結び膝の上に置き、背筋を伸ばして顎を引き、歯と歯を軽くかみ合わせ、その裏に舌をつける。視線は正面に向ける。
重心は体の中心に置く。
▶呼吸：腹式呼吸で6呼吸（約30秒）を目安に維持する。
吐く時は腹部を引き締める感覚でおこなう。

④―― ポーズを解く時は、両手の印をほどき、鼻から息を吸いながら片脚ずつ前に伸ばし、両掌を両脇の床面に置き、口から吐く。眼を閉じて3呼吸休む。（2回目が終わったら死人のポーズで休む）

瞑想座法としておこなう時

眼は軽く閉じるか、または半眼で鼻先やその延長上の床面に視線を置く。呼吸を調整することに意識を向ける。

呼吸：鼻から吸う・止める・吐くという呼吸法。

初心者は5分くらいから始め、慣れてきたら15～30分くらいまでを目安にする。

立木のポーズ　＊ポーズは左右交互におこなう

①―― 両脚を肩幅より少し狭く、左右平行に立つ。両腕は体の側面に垂らす。視線は正面に向け、鼻から息を吸って口から吐く。

②―― 再び鼻から息を吸いながら左膝を曲げ、左手で足首をつかみ、足底部を右の太もも内側の付け根につけ、右脚だけでバランスをとる。

③―― 次に両手を横から円を描くように上げ合掌し、鼻から息を吐く。
▶呼吸：腹式呼吸で8呼吸（約40秒）を目安に維持する。

④―― ポーズを解く時は、一度鼻から息を吸い、口から吐きながら、両手を横から下ろし、左手が左膝の位置にきたら、脚も下ろして、元の位置に戻る。眼を閉じて3呼吸休む。（2回目が終わったら死人のポーズで休む）

外へ向いていた意識を自分の内面へ向ける

瞑想

最初は、5～10分程度から瞑想をおこなうとよい。
瞑想時間は徐々にのばす。呼吸は、鼻から吸って鼻から吐く腹式呼吸でおこなう。両手は印を結ぶか、膝の上に置くだけでもよい。眼は半眼、または閉じる。歯と歯を軽くかみ合わせ、その裏に舌をつける。

椅子座法瞑想

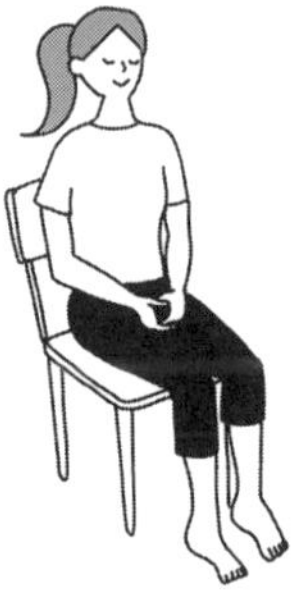

①—背もたれから5～10㎝ほど離れ、背筋を伸ばし、軽く顎をひき、椅子に座る。
②—両膝、両脚を少し開いて足底を床面につける。
③—両手は印を結び、大腿部つけ根に置く。

正座瞑想

①—正座し、背筋を伸ばし、軽く顎をひく。（両つま先は重ねず軽く触れる程度）
②—両手は印を結び、大腿部つけ根に置く。

印を結ぶ

片方の人さし指を、もう片方の人さし指と中指の間の付け根に置き、4本の指を重ねる。片方の親指を、もう片方の親指の爪が隠れるように重ね合わせる。手の力を抜き、楕円をつくる。

いろんな雑念が浮かんで、意識の集中ができない時

- 壁の前に座り、ある1点を凝視したり、キャンドルの炎やりんごなど目の前に置いた対象物を見つめる
- お香やアロマを焚いて、香りに集中する
- 時計やメトロノームを2m先に置き、その音に集中する

ヨガと瞑想をおこなう前に

注意事項

- 持病がある方、負傷されている方、妊婦の方、通院中の方、その他、健康に不安がある方は医師に相談し、その指示に従ってください。
- 体調不良を感じたら、速やかに中止してください。
- 自分の体調をみて、ご自身の責任のもとでおこなってください。

始める前に

服装

- きつすぎず、緩すぎない清潔な服を用意する。
- ベルト、矯正用の下着、アクセサリー類、腕時計などは、はずしておこなう。
- 髪の毛が長い人は、ポーズの邪魔にならないように結ぶ。

場所

- 風通しのよい場所、換気ができる場所でおこなう。
- フローリングなど硬い床なら、ストレッチマットなどを敷いておこなう。

その他

- 満腹時は避け、空腹時におこなう。入浴後1時間は避ける。重い生理中は中止する。
- 始める前に、手洗い、うがい、排尿などを済ませ、気分をすっきり整える。
- 首回りや肩回りなど、全身を十分にストレッチしてから始める。
- 無理に体を曲げたり伸ばしたりせず、できる範囲でおこなう。
- ゆっくりと自分のペースでおこなう。

自己分析のBS

ポジティブ

ネガティブ

胎児期（3カ月～生まれるまで）

乳幼児期（0～5歳まで）

児童期（6～12歳まで）

青年期（13～17歳まで）

成人（18歳～）

自己分析のKJ

ポジティブ

ネガティブ

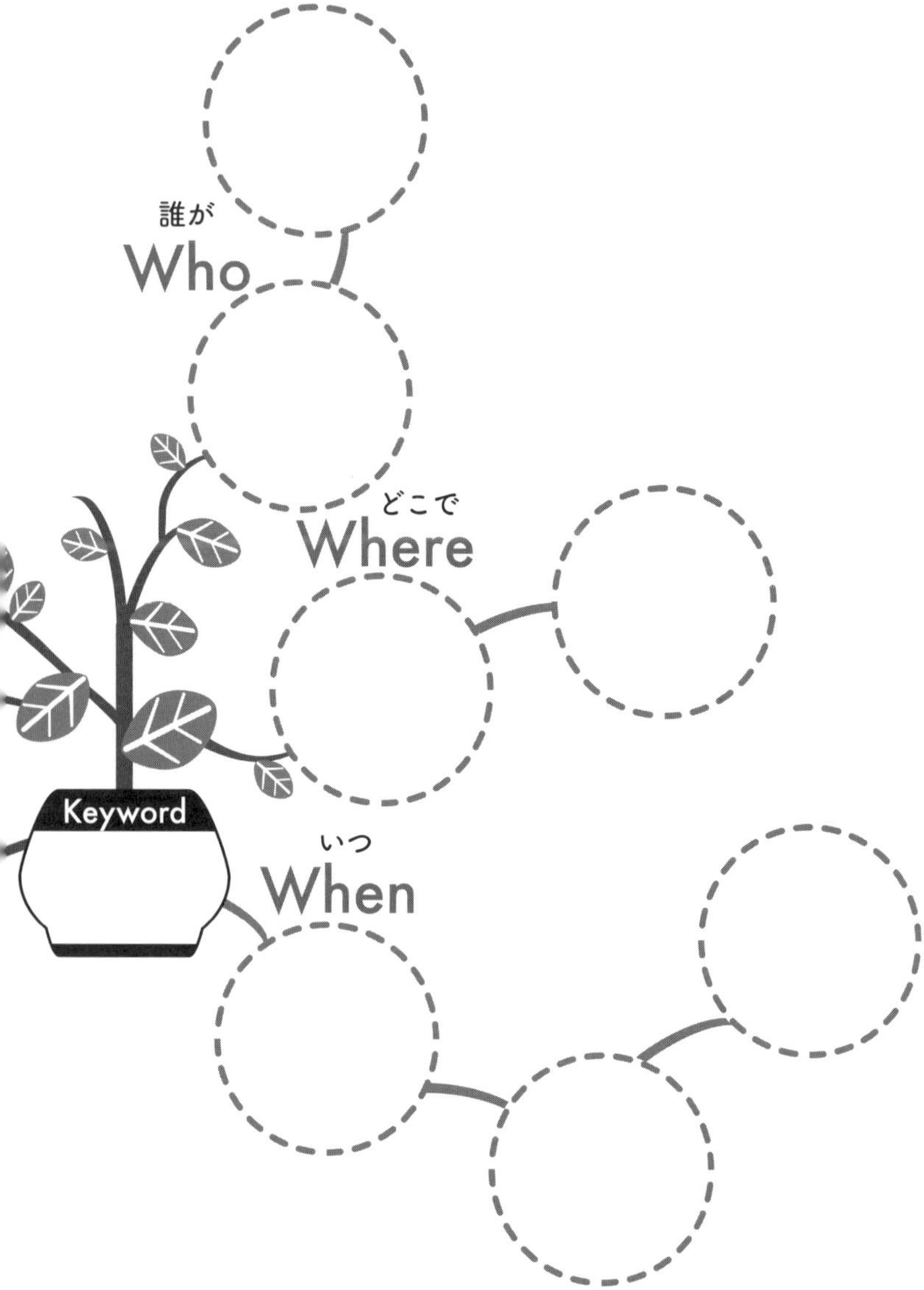
誰が
Who
どこで
Where
Keyword
いつ
When

サブコンシャス・リサーチ

5W1H

（※枠が足りなければ増やして構わない）

作成日：　　　年　　月　　日

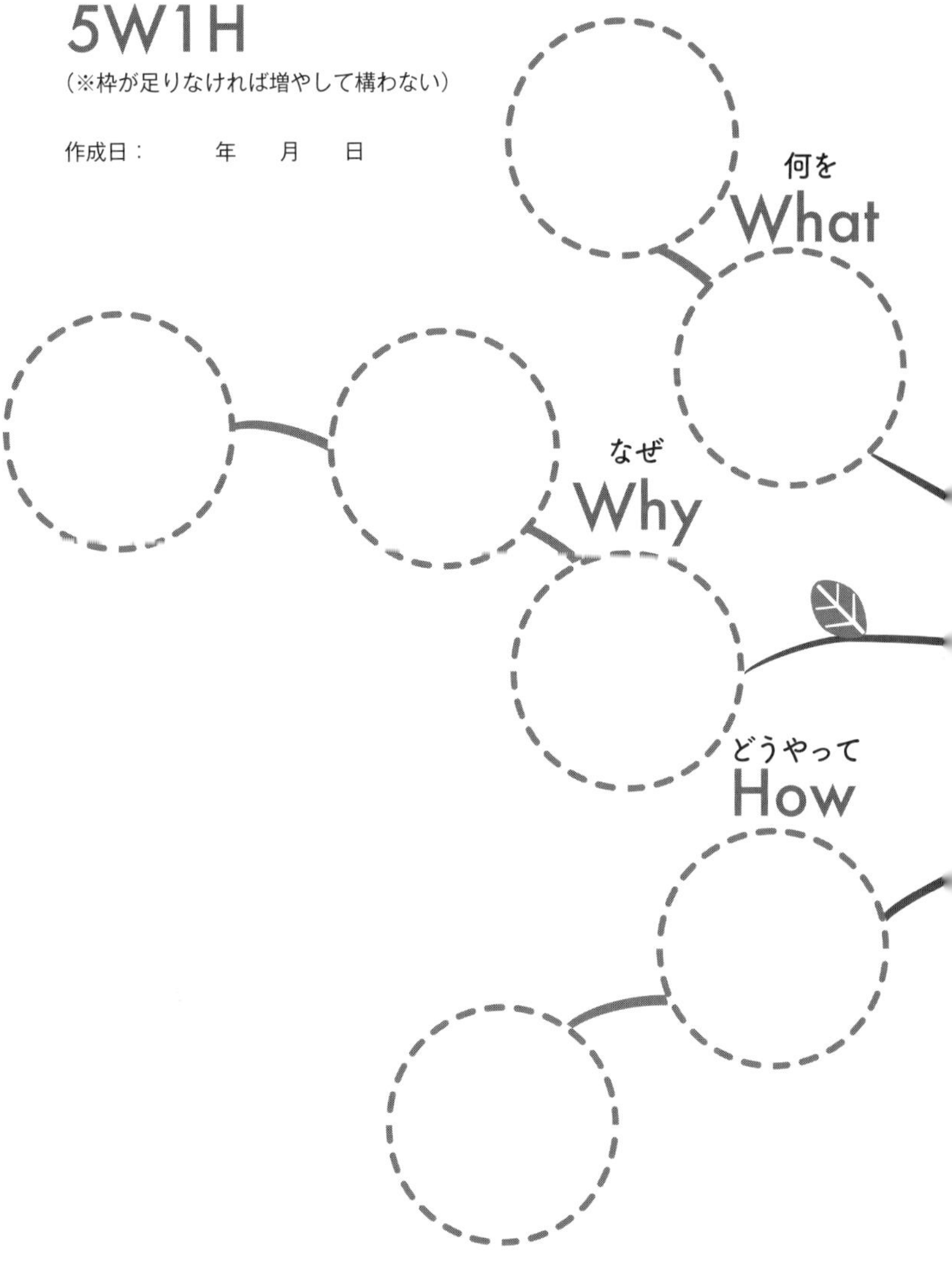

著者プロフィール

サブコンシャス・ヒーラー

佐多美佐 Sata Misa

株式会社アストライア 代表取締役。

アストライアヨガスクール 校長。アストライアインスティテュート ディレクター。

一般社団法人IHHA 代表理事。

ヨガ指導師。潜在心理士。サブコンシャス・ヒーラー。

長年にわたり商社で管理職を務めたオールラウンドの経験と人間学を実践・研究した実績を融合。超ストレス社会の問題であるキラーストレスやアンコンシャス・バイアスの要因のひとつといわれる「生まれ育った環境」に、すでに三十余年前から着目し、解決法としての潜在意識学、独自のサブコンシャスメソッドを提唱している。それら多くの臨床データを持ち、ストレスマネジメント及びサブコンシャス・コーチング、癒しに取り組むホリスティックヘルス実践者。

1997年からホリスティックヘルス視察のため、米国サンフランシスコをはじめとする海外への渡航多数。日本ホリスティック医学協会会員（1993～2003年在籍）。サンフランシスコ州立大学サマープログラム日本事務局長兼コーディネーター（1999～2002年）。サンフランシスコ州立大学生涯学習部・ホリスティックヒーリングスタディーズ研究所より感謝状を授与（2002年）。学校法人福岡家政学園被服研究科卒業・学院長賞授与（1973年）。

東京神宮ライオンズクラブ幹事（2006年度）を経験（1998～2008年在籍）。

学校法人文化学園・文化服装学院　非常勤講師（2015～2019年）。

著書に『美しい心・魂の処方箋』（文芸社刊）『癒す力はあなたの中に』（現代書林刊）。

『頼れる「心の治療家」12人』『「心の病気」癒しのスペシャリスト12人』（ともに現代書林刊）で取材・紹介される。

資格：食育指導士、ナチュラルフードコーディネーター、紅茶学習指導員、ティーコーディネーター、ハーブコーディネーター、表千家茶道免状台天目、一級きもの講師
趣味：音楽・絵画鑑賞、ギター、ウクレレ、菓子作り、手芸、洋裁
信念：「自分を信じて行動すれば必ず道は拓ける」

お問い合わせ先

アストライア
〒106-0045　東京都港区麻布十番1-10-3-1001
アストライア ヨガスクール ―――― TEL 03-5570-5256
アストライア インスティテュート ―――― TEL 03-5570-5258
ホームページ　http://www.ast-a.com

自分《じぶん》ファーストで生《い》きる勇気《ゆうき》

2021年8月16日　初版第1刷

著　者 ―――― 佐多美佐《さたみさ》
発行者 ―――― 坂本桂一
発行所 ―――― 現代書林
〒162-0053　東京都新宿区原町3-61　桂ビル
TEL/代表　03(3205)8384
振替 00140-7-42905
http://www.gendaishorin.co.jp/

ブックデザイン ―――― 須藤康子
DTP ―――― 由比（島津デザイン事務所）
カバーイラスト ―――― 中山成子
本文イラスト ―――― ちよやあいみ

印刷・製本 ―――― 広研印刷（株）

ISBN978-4-7745-1912-8 C0011